出走
旅館時光

鄭梓靈 作品

enlighten & fish 亮光文化

序

要發現自己對某人某地的依戀，最有效的方式，就是離開。

奇妙的是，在旅程中，許多人生的矛盾會自動找到答案。

本書中的九個短篇，都有我對人在異地的切身體會，人在各式各樣的驛站中停歇，心靈得到短暫洗滌，然後又繼續上路——這當中發生了什麼事？

讓人休息的旅館，則是濃縮了種種體驗的場所——在那個不會再踏足的房間，那個回不去的時間，或許就是我們人生的轉捩點，絕對值得書寫記錄，所以我選擇了不同形式的旅館去反映不同的感情關係。

每個人都有他入住旅館的理由——

有些人因為找到歸屬而離開，有些人卻因為找不到歸屬而離開，

有些地方是我們執意要勾留，有些地方是不得不滯留。

在那個由陌生漸變熟悉的空間裡，我們與一直逃避的自己面對面，

有時嚮往房間裡的另一個人能療癒我們，但有時只是傷得更深。

每次踏上旅程，我總帶著期待卻又不捨的心情。

我一點都不瀟灑，卻深知瀟灑是唯一出路。

寫這本書，讓我想起年少時的一件往事。

大學時一個哲學系的學長好心陪我去看交換生計劃的結果公佈，第一次我只在後補名單上，我仍然記得望著告示板上那張名單的畫面，我們離開時望著遠山聊天，我帶著失望，他安慰我，我則幽幽地說：「不要緊，反正將來我是不會停留在同一個地方的。」

後來我從後補成了正選，到美國加州做交換生，離開的不捨不適卻讓我更清楚自己深愛香港，跟那些從來不會停留在一處的人相比，我的個性絕對沒有那麼容易適應新事物，不時心虛地回想當年自己的那番話，總覺得輕狂得可笑，但我和那位學長早已不知怎地失去了聯絡，說出的話也無從收回。

今年我做了一個人生重大決定，移居了日本沖繩，一切由零開始。不知算不算兌現了自己的話，只知道每次離開，我都會不住反思許多，對自己和身邊人的關係，對過去的人生和未來也會有新的想法。雖然需要許多勇氣、經歷許多陣痛、無數個想放棄的時候，但每一次離開，回頭一想，都覺得是值得的。

現在的我會覺得，留落異地的飄泊感，是人生當中必要的不適。而過程中遇到的人、陪伴的人，才是關鍵。因此，依戀、不瀟灑也是無礙的，只要別停止上路，只要找到那個人……

希望寫一本，能陪你一路出發的小書。

出發去旅行也好，出發在感情的路上也好，直至直至，找到你心的歸屬之地。

CONTENTS

或許世上不是沒有浪漫的事，
而是人沒法長久保持一顆浪漫的心，
去等待浪漫兌現。

隔離酒店

電話簿裡的名字

你記不記得每個還留在電話簿中的人名是怎樣來的？

有些，是只會聯絡一次，也有些，也許曾經因為某種需要，頻繁地交往過，但彼此都知道，今後再沒有聯絡的必要，這兩種，還留下來，只因為懶而已。

但有些電話，你總覺得捨不得刪，總覺得那個人在生命中的將來某一天，說不定可以再聊幾句。

Jet的電話就是這樣的一個電話，他在我電話簿裡不經不覺已經十二年了，每次換電話，翻看一下電話簿，刪掉一些不再交往的人，也重新記起生命中出現過哪一些人，他是留下而沒想過聯絡的，從來沒有想過要把他加進 WhatsApp 之類的聊聊近況……我想他一定已經沒有了我的電話，就算已經徹底忘記我的存在也不奇怪，畢竟只是當年萍水相逢，被迫共處了幾天的人而已。我對自己說，留下來，又沒有礙著什麼，刪除，就真的什麼都沒有了。

直至他居然傳訊息給我。

「不知道你還記不記得我，我是二〇〇九年跟你一起在灣仔京華國際酒店被隔離的那個二十歲男孩。」

收到這個訊息的時候，我正因為接觸過的人中了COVID-19而被指派到酒店隔離兩週，正悶得發慌，帶來看的書都看完了，既無事可做，跟朋友聊天也沒什麼話題，不外乎是隔離的苦，每天拍下膳食照循例抱怨幾句而已，這個既熟悉又陌生的名字居然主動傳訊息給我，格外令人興奮。

「當然記得你啊！你這個號碼還在我電話簿裡。」我坦言，平常我應該不會那麼熱情，不過他是介乎熟人與陌生人之間，一個奇怪的板塊類別裡，所以我也不用似平常。

「真的啊？我還怕你以為我白撞呢……那時候我們聊了許多。」他說。「算一算，十二年了吧。」

「不知不覺就十二年了嗎？」

「是啊！我以前也以為十二年應該更漫長的。」

是的，當年我是一個不諳世事、充滿夢想的二十歲女孩，十二年後的現在，說過的夢想，該實現的都該實現了吧？

「為什麼會想起我來呢？」我問。

「因為我又倒霉地在隔離當中了。」他居然跟我處境相同。「第八天，還有六天捱呢。」

「哈哈，你找對人了，我也一樣，今天第七天，你在哪裡？」

我們互道了隔離地點的名字，竟然是尖沙咀同區相近的兩間酒店，在彌敦道兩旁，就相隔一條馬路。

「你中了？還是你家人中了？」我問，其實是有點好奇他的婚姻狀況。或者他會告訴我，是妻子中了？孩子中了？最近身邊很多人都是這樣。

「跟確診的朋友吃個飯，就進來了。」他答，問不出究竟。「你呢？」

「跟前男友見個面，交換對方的物件，過兩天他告訴我他中了，結果變成密切接觸者。」我這樣說是事實，同時我也想告訴他我單身。

「我以為你該結婚了。」他頓了頓說。

「也生小孩了？」我反問。

「可以是二選一，不一定是兩者皆是。」

我記得他這個有點跩的語氣，當他還年輕時，只覺得是年少氣盛，現在開始覺得是他的個人特質，隨年月得到沉澱。

「我自己也這樣以為。說不定在另一個時空裡是這樣，在那個時空裡我可能活得比較成功。誰會想到三十二歲，一切又回到原點。」我自嘲說。

「不會回到原點的，總有什麼教訓的。」

「但我還在跟二十歲時認識的那個人聊著天呢。」我嘆口氣：「人為什麼老是想從失敗中找教訓呢？那會比較安慰嗎？如果真的什麼教訓都沒有，只是徒然浪費了時間呢？」

「你知嗎？你還跟以前一樣。」

「怎樣？愛鑽牛角尖？」跟我分手的舊男友就是這樣說我。

「思考型，自你以後我都找不到能跟你一樣聊天的女孩。」

女孩，這字眼對我而言久違了。已很久沒有人這樣叫我，表格上不是常常叫人選自己的稱呼嗎？小姐、女士、太太，而我最想選的其實是女孩。

「或者這是你的幸福。」我打趣說。

「我門鈴響了。」他忽然輸入。我看看時鐘，晚上七點正。

「放飯了吧？你那邊鑾準時的，我這邊尾房，還有得等。你專心吃飯吧，不然一天都沒什麼好期待了。」

「今天之後我不怕了，有你啊。」

我一笑，挺高興的。高興得，斷線後，有點擔心他不會再跟我聊。或者剛才只是我幽閉鬱悶產生的幻覺。

「那晚安。」他說。

二〇〇九年，灣仔京華國際酒店因為接待過一位染有 H1N1 流感的墨西哥旅客，全幢封鎖七日，員工和住客都不得離開。那一年，我在裡面的餐廳做兼職侍應，才第一天上班，就下不了班回家；他舉家移民三年後回港探女朋友，下榻那間酒店，但他的女朋友並沒有在約定的時間出現，他白回來一趟，還短暫失去自由。

當得知他被封鎖時，那個女孩甚至對他說：「即使你出來也千萬不要找我，我是不會見你的。」

我為什麼會知道這件事呢？因為酒店封鎖了七日，頭兩天，旅客無不鼓譟，為失去自由和擔心安全愁雲慘霧，但酒店不止包一日三餐，第三天起更辦起派對來，酒水幾乎全被外籍客喝光了，我也忙得不可開交。

後來我發現有個跟我年紀差不多的男孩，完全無視嘉年華般的氣氛，不是站在落地玻璃窗前踱著步跟人講電話，就是一個人抽著煙神傷，看樣子他不像旅客，更像本地人，也不像商務客，因為他很年輕。也許其他人不發現，但他講電話雖然講得不激動也不大聲，但從那微彎的背影可以知道他的心很痛。

後來我趁他又在抽煙時，走過去好心安慰他：「只隔離七天，很快重獲自由了。」雖然那時候我自己也沒有把握是否真的只隔離七天，但我覺得以此為開場白不會錯。

「不是這個問題。」他搖搖頭，欲言又止。

「那是什麼問題？」

「我女朋友不肯來見我。」

我起初以為因為她怕染疫，後來才知悉在封鎖前她已經拒絕見他了。

「你住哪間房？」我問他。「有空來找你聊天。」我說。

說完又自覺不太對，不知他會否誤會我太過進取？

那天我沒有去找他，隔天，他在走廊遇見我，當時我正在跟另一間餐廳兼職的領班講電話，說沒法如期上班也不是我所願。

掛了線，發現他望著我，我正休班，換了便服，我想他可能不認得我，我心情不太好，想轉身離去。

「嗨，是你啊。」他卻友善地叫住我。

「嗨。」

「你沒有來找我。」

我一笑，沒想到他有放心上。

「去喝一杯吧。」我說。「輪到我當一回客人了。」

於是我們在餐廳挑了個位置坐，第四天的派對，大家開始漸入狀態，眼看不少人成了情侶，在我們跟前摟摟抱抱。

美國客人給我們遞上威士忌。

「我不喝酒。」他微笑著搖搖頭。「但你可以問這位女孩。」我禮貌地搖搖頭。

「為什麼？」美國人不解。

「我比較喜歡清醒。」他說。

「那是因為你還年輕。」美國客人說。「清醒有什麼好呢？世上那麼多的狗屁事。」說罷美國客人又回去狂歡了。

「剛才你看起來有煩心事。」他問我。

「誰沒有？畢竟被關在這裡，一切事情都被擾亂了。」我望了望外籍旅客們。「所以他們才要狂歡啊。」

「真的啊，這次回來香港，所有事情都不如原先計劃的。」他唏嘘地說。

於是我問到他那個沒有出現的女朋友，然後我們侃侃而談了很多悲傷不幸的事，當然了，是以那個年齡來說。

然後他告訴我他十七歲舉家移民不得已和女友分開，約定以後每年回來相見，但第三年女友已移情別戀，曾經非常努力的維繫，現在回想不知有何價值。

我說我的初戀男友很煩，我告訴他女人討厭別人死纏爛打，我跟他說女人不會跟自己看不起的男人一起，連懷念都不會有。他說想不到我外表稚氣，內心如此成熟。

然後我們談到我們喜歡的電影大師，喜歡的書，他說他在儲錢，想訂造一輛旅行車，在加拿大的國家公園探險，但為了見女友，不惜買長途機票回來，早知儲下來向夢想更進一步；我說我也在儲錢，我想買觀星的裝備。他說很少女生會為了觀星投入，多數是等男人介紹。我說我不是這種女生，他說或者將來可以一起看星星，我說我對他嚮往的那種生活也很感興趣。我們談及家裡珍藏的露營雜誌，我們說好了有機會交換哪些看。最後他說想收回「早知不回來」的話，因為幸好買了長途機票，才認識到我。我當那是客套話，雖然我真的很開心。

可是封鎖結束之後，他卻沒有找過我。都說到一起看星星這麼浪漫了，我不敢相信竟然沒有下文，我因此有一點生氣，但隨著年月逝去，漸漸懂事之後，就覺得他不找我或者才是正常的，世上哪有這麼多浪漫的事呢。

第二天一早，Jet給我傳來早餐的內容照片，我禮尚往來，也給他傳我的，通粉、橙、白麵包。

「跟之前不同呢，那時候我們都在大堂裡等消息，至少可以交個朋友。」他說。

「你可知有些人後來還有定期回來住酒店開派對？」我說。

「是那些韓國旅客吧？由最憤怒變得最開心的就是他們。」

然後他忽然就單刀直入問我：「你和他一起多久了？這些年你都沒結婚？」簡直像晨早拉開窗簾照入房間的陽光一樣直接，但不令人討厭的方式。

「一起十年了，中途也分過兩次手，他求過婚但我沒有答應，結果就這樣了。」

「聽你啊，說得多輕描淡寫，有了人生經驗果然不一樣。」

「你想詳細點嗎？」

「反正我有的是時間，似乎你也是。」

「你為什麼回來？」我轉了話題。「你不是移民了？」

「唸完大學，拿了綠卡，就回來香港工作，都有八年了。」

「所以其實一直都有可能遇見你。」我想了想說。「如果我們還認得彼此的話。」

其實想知道彼此的樣子大可以 FaceTime，那是十二年前所沒有的。

「其實你還記得我的樣子嗎？」我問他。

「我記得你的眼睛，單眼皮的女生，很有性格，很少見。」他頓了頓才說：「最近走在路上，大家都戴口罩，看到單眼皮的女生，就會想是不是你，不過沒有答案。」

「幸好我沒有跟風去弄個雙眼皮什麼的。」我打趣說。

「千萬不要。」他問：「那你記得我嗎？」

「濃眉，鼻高高，人瘦瘦長長，整整七日都披著那件紅黑色的格子襯衫。」

「哈哈，誰教當時失戀根本沒心情換造型。」

然後他選擇傳了照片給我。

照片中的他穿著厚重的雪褸，連眼眉上都有雪霜，抱著裝有熱飲料的杯子，他不再是年輕的小子，頭髮長了一點，兩側挽起在腦後梳起，體格壯碩了，加了一點成熟男人的韻味，笑容和煦。

「上個月去加拿大探朋友時去滑雪。」他說。

「髮型挺好看。」

他傳來笑容。「你呢？」

我隨手傳了最近上插花班的照片給他。

「你在花店做？」

「哪有，只是一天，鬧著玩的。」

「你完全沒變。」他說。「說不定拉開窗簾就看到你了，如果同時拉開的話。」

「不要了，現在這樣就好。」我說。

● ● ● ● ● ● ● ●

到了晚上，我們聊得越來越深。

「目前為止，你最受傷的一次是怎樣？」我問他。

「我曾和一個有錢女度過愉快的晚上，但最後她卻給我錢，那天我是特意請假去陪她玩，她卻說查過我的工作日薪就該賺到這個數。『這是最優渥的了。』她還說。將一天下來的美好完全摧毀了。」

「或者她真的為你著想。」雖然我也覺得很過分。

「不是給我錢的問題，而是她說最優渥，一副沒有虧待我的表情。我為她請假就是衡量過，不會想要兩者兼得，二十歲、三十二歲，也許四十四歲都一樣，不會知道女人在想什麼。」

「所以你才沒有結婚。」我說。

「你呢？為什麼一起十年才來分手？人家都求婚了。」

我沒有告訴他，其實我會跟這個男友一起，都是因為跟他有點像。

所有的感情都是由好感開始的，雖然這點好感，可能是對另一個人的好感的延伸，只是後來又發生許多事，已搞不清命運到底是想人遇到第一位，還是第二位。現在又讓我再次跟他因隔離而聊起來，命運如此鋪排的意義為何？

「那樣的求婚，不要也罷，花都沒有一束，他怕別人說他蹉跎了我，就盡本分似的說結婚，我說照現在這樣就好，他鬆一口氣的表情，我永遠記得。自那次以後，好像對他就連最後一點感覺都消失了。」

「你喜歡什麼花？」他忽然問。

「很平庸的。」

「告訴我。」

「滿天星。」

然後他隔了很久都沒有再傳訊息來，我等得久了，去洗把面，回來的時候，他傳來了黑色天空裡的滿天星宿，我笑了。

「在加拿大賈斯伯國家公園拍的，那一晚我差一點鼓起勇氣找你，不過那位置沒有網絡，到第二朝在油站吃早餐時有網絡了，又鼓不起勇氣來。」

「對了，這個是我想問很久的問題。」難得他主動提起。「為什麼後來沒有找我？」

「我忙著成為女人不會看不起的男人，因為我覺得告訴了你我被甩的事，好像都太窩囊了，後來又有另一個女人告訴我，女人討厭人家讓她等太久，我就想，還是算了吧！」

「你這一生太被女人左右了。」我笑他，但我接受這個答案。

「就是啊，不過今次，我想聽自己的意思做一次主動，不管你怎樣想我。」

說得多動聽，但我假裝不動心：「那只是因為你被隔離得悶得發慌。」

「被迫一個人面對自己這麼長的時間，不失去理性是不容易的，不過也有它的好處就是。」

「我同意。尤其像你這種不喝酒的人，平時一定很理性。」

「我想起了在露營時遇到一個老伯，他跟我說過一句：如果一生都按照理性和計劃走，到頭來你將不曾了解什麼是人生就離開這個世界。」

「那之後你就沒見過那個老伯了？」

「可能十二年後，又會在哪裡遇上他也說不定。」

這天晚上，我想著如果這次不是被隔離，再過幾多年我們才會有機會聯絡上？剛和多年男友分手，這是我的迷茫時間，如果在一切都塵埃落定的時期，就算他找我，也該不會用這樣的心情來跟他聊天，也不會對接下來的事有期待。

晚上，我也曾偷偷拉開窗簾，看看對面馬路的那間酒店，窗邊會不會出現像他的男子。

但見一頭髮稍長的男子在窗前移動，似在玩手機，說不定下一秒便會撥開窗簾看看外面，我便又嚇得立即退回去。

為什麼要這樣反應呢？或許我期望太高，害怕失望。

或許他只是寂寞時找個人聊聊，只要離開酒店房重獲自由，便又重拾理性。

「明天我先走一步了啊。」最後一天他說。

「有什麼計劃嗎？」我鼓起勇氣問。

「公司已經塞了一堆工作要我趕進度了。」

果然，他走了的那晚，對面酒店的窗簾背後，那個類似我想像中的他的身影，換成了另一個人。

真的是他吧？差一點見到面了吧？

●●●●●●●●

到第二天，我也可以離開了。

前一晚我就熨了衣服，早上我化了個淡妝，雖然沒有約任何人，而且還要戴口罩，但如果忽然有誰說請我喝一杯咖啡，也有所準備。

不過步出酒店之際，還是沒有一張熟悉的面孔，不禁有丁點失望。其他解除隔離令的人倉促離開，都在追趕失去的時間。

這天他說事忙，或者是事實，或者是藉口，但無論如何，也不該打擾他。

低頭看看手機，嘮叨到我怕了的老媽、之前陪我聊天聊到沒話了的閨蜜、等著我回去分擔工作的同事、假意關心其實是督促我準時上班的老闆……一下子都傳來訊息，不知看哪個好。

我深呼吸一口氣，打算慢慢往地鐵站走去。

隱約覺得，不會有下次了，當做了一個夢吧？

一抬頭，卻看見 Jet 站在幾步之遙，手裡握著一束滿天星。

Jet 就是照片中的那個樣子，眼神裡有盈盈笑意，口罩之下的，我記得，也想像得到。

「哈囉！許久不見。」他說。

「許久不見。」我笑了。「今天你不是很忙嗎？」

「能等七天的東西，不差在多等一天。」他說：「何況跟等了十二年的重要事相比。」

他把那束滿天星遞給我，那是一把開得相當豐沛的滿天星。

或許世上不是沒有浪漫的事，而是人沒法長久保持一顆浪漫的心，去等待浪漫兌現。

「去喝杯咖啡吧。」他說。「這十二年的事，輪到你說了。」

有些電話，
你總覺得捨不得刪，
總覺得那個人在生命中的將來某一天，
說不定可以再聊幾句。

寂寞是很公平的，好人壞人、
心善心黑的人，都會有寂寞的時候。

情侶酒店

第十個名字

誰都不會想到，上情侶酒店居然還得自己一個人等著，等的人居然說會遲到，真是個十足的渣男，不過我就是喜歡他這一點。

說是喜歡或者也不對，應該算是一種好感，或至少在他身上找到一種性吸引力吧，我可沒想過和他再有進一步的發展，那一定會是十分痛苦的事。

男女之間的事何必弄得那麼痛苦呢？有時還緊張兮兮、跟競爭對手劍拔弩張，我覺得這些戲碼都很可笑又無謂。

這家情侶酒店算是我跟他慣了來的地方，以三小時為單位，雖然也有日租的，在旅遊旺季也有遊客入住，但明眼人都知道，這裡只是旺區方便上班族男女的愛情旅館，所以風格也是簡潔為主，沒有老土浮誇的設施反而令人安心。

我坐在大床上刷著手機，忽然有人用力敲門，我心想，來了，便起來應門，沒料到門開了，竟然是小悠。怪不得，用力敲門不是他的風格，我早該猜到才是。

「你跟阿涼一起多久了？為什麼不告訴我？」

小悠是個臉圓圓的女生，笑起來挺可愛，但現在的她睫毛液融化在眼下，看得出她雖然極力保持平靜，但來之前一定哭過吧！她肩膊在顫抖，那張受到極大困擾的表情，看在眼中實在令人於心不忍。

「我跟他……不算在一起吧。」我心虛地說，任門開著，回去一屁股坐在床上。

我知道這種事情逃也沒有用，因為我跟小悠是朋友，而且我跟小悠是同屋關係，不然，就不用跑到這裡來開房間了。

小悠一見那張雙人床，終於悲從中來地慟哭起來。

至於小悠和阿涼的關係嘛，應該說是前度嗎？但可能只是小悠自以為，他根本沒有向誰承認過。

「我覺得我們之間，沒必要為了像他這樣的渣男破壞關係，所以才沒有告訴你。」

我知道自己這樣說連我都顯得很渣，但這是實話。

我不想她為了我和阿涼的關係受傷，但我又不想制止自己見他的衝動，這是最矛盾的地方。

「既然你覺得阿涼這樣渣，為什麼又要跟他在一起？」小悠哭著說。

我沒法回答，事實上，我跟他就在床上討論過這個問題。

「或許因為我跟你都一樣渣吧。」當時阿涼笑著說，我沒有否認。

我相信，誰都有黑暗面的，只是等著一個人來承認，並且告訴你OK，但我的底線是儘量不要傷人，而阿涼則連這樣的底線都沒有。

「為什麼不是別人，偏要是他？」小悠悲傷地說，讓我好想安慰她。

我也覺得這一句，可能描述我和他之間最接近愛情的狀態了，不過事情並沒有愛情那麼美麗。

「你就當我是太寂寞好了。」我聳聳肩說。

是的，寂寞是很公平的，好人壞人、心善心黑的人，都會有寂寞的時候。

小悠跟我初中就是同班同學，是看著彼此長大的好朋友，我十三歲就初戀了，而她一直只是暗戀人，她常常問我關於愛情的問題，而我偏偏不是那種喜歡將男女感情事掛在嘴邊的人，但這不代表我不夠老友，我只是覺得男女關係或者所謂的愛情，是必須有但又不必佔比重太多的東西而已，沒有的話的確會有點空虛，所以我從沒停過交男朋友，但從沒為誰傷心得太久。

但小悠跟我不同，她太認真了。

●●●●●●●●

一年前她說認識了一個男孩，很喜歡對方，但他第一次見面便說自己很渣，然後又問她住哪裡，說上來喝咖啡。

「喝咖啡？喝咖啡為什麼不到 café 去？」我一聽就知是什麼回事。

「或許因為我告訴他我最近有上咖啡班的事……」小悠似乎想為他的急進開脫。

一聽到她這個語氣，便覺得她面對這樣的對手很危險，基本上是輸定。

「你幫我過過目。」小悠說。

「我才不做這種老土的事。」

雖然這樣說，我才不會真的袖手旁觀，畢竟小悠是個戀愛智商等於零的女孩。

我沒有多說什麼，只叫她無論如何多拖他幾次，說就用「你同住的女孩不喜歡陌生男人上來」做擋箭牌。

●●●●●●●●

可是有一個週末，我回家卻發現有男人球鞋。

然後我便看到阿涼了，第一眼映入眼中的是他的黑色鴨舌帽，他穿著寬身T恤和寬腿褲，背影高大，帽子下露出淺金色頭髮，耳穿耳環，他把鴨舌帽戴得很好看。

他在翻我們的零食櫃，好像沒找到滿意的東西，然後在冰箱裡拿出啤酒，用牙輕易地咬掉了蓋子，暢快地喝了一大口。

他一回過頭來，跟我目光碰個正著，才發現有人回來了。

他很白淨，臉小小的，是個美男子，怪不得小悠那麼沉迷，連我的心也跳了一下。

「啊，你是小悠的同屋？」他自然地問。

「嗯。」我故意不多看他，只將外套掛在牆上。

「喝不喝？」他煞是闊綽地問我。

「那是我買的啤酒。」我說。

「怪不得，清啤，還是適合女孩子一點。」他靜默地望著我一會，我發現他身上有我的洗髮精的味道，頭髮還是微濕的。他呷了一口啤酒後，忽然想起什麼似地說：「小悠說你在尖沙咀返工？我也在那邊，有空出來喝一杯。」

搞什麼鬼？這個男人剛從小悠房間出來呢！居然就私下約我。

「我不知道你的名字，連你做什麼都不知道，跟你喝？」我反問。

「那還不容易，你問我一定答，叫我阿涼，我在錄音室做混音。」

「這年頭誰都自稱音樂人呢。」

「也不算音樂人，就是某種工程師，有工作就接那樣。」阿涼說起工作倒沒有自大，或炫耀自己的才華，看來他不是靠自吹自擂泡女孩的類型，還不算我最討厭的。

「小悠呢？」我問，想表示對他的生活方式不感興趣，我可不像其他女孩。

「她去買東西去了。」

小悠正巧開門回來，她一看到我，那甜滋滋的臉，我就知她待會兒一定會忍不住巨細無遺地分享與他的發展。

「你們認識了啦？我剛才去買章魚燒回來。」小悠情緒高昂時連聲音都不自覺變雞仔聲。

「小悠說那個好吃。」阿涼輕描淡寫說，好像自己根本沒說要吃的樣子。

我知道小悠這份人，她喜歡一個人，就會把全天下自以為最好的東西全塞給對方，完全漠視別人其實不感興趣或無動於衷。

「你來吃吃看。」小悠熱心地替阿涼將木筷子拆開。

他的手機響了一下，他看了訊息後便說：「不吃了，有人找我，再約。」他跟她說話的態度，一點都不像剛才還有過肌膚之親。

小悠悵然若失，一臉不知如何是好地目送阿涼離去。

臨行出門口，他回頭跟我對上一眼，沒表情但有暗示。

其實我一跟他對上眼，就知他是哪種人了。

只是想找床伴吧，SP，就是這麼回事，怎麼說都不會有好聽一點的說法。

可是如果我這樣跟小悠說，她一定會大受打擊。

不，我認為她根本就不會相信世上會有這種人。

我不想說穿，不如等他覺得玩夠，或者覺得悶了，就主動消失。

到最後如果小悠還是相信這是愛情，這對她而言也許是好事。

什麼都不能相信，對像小悠這樣需要信仰的女孩來說，是最難過的。

●●●●●●●●

「這位新晉歌手的歌，是阿涼做的啊，尤其這一首，明明就不是這個歌手作的，是阿涼的手筆。」

「你怎知道？」

「因為是我跟他一起哼出來的啊。」

那天離開小悠的床，阿涼忽然找手機，說要記下一串音，他哼給小悠聽，小悠煞是好玩地接下去，他似乎興頭也來了，離開時那首歌還只有一半，但回家後他給她傳來有後半的版本，小悠內心好激動。

「我只是貢獻了兩句，但我覺得那首歌簡直是我們的愛情結晶，怎麼那個有錢少爺付個錢就把歌買斷了。」

不知為何我有點妒忌，居然他們可以一起做那麼有意義的事。

然後小悠給我看她跟阿涼的合照，他說答謝小悠，帶她去一家朋友開的食店吃飯，也不是多麼高級的店子，就是一間港式日本料理，賣現成翻熱料理和濃縮湯底拉麵來貨的那種小店，但小悠超級開心。

「平時他都不特地介紹我給朋友。」

「他稱你做女朋友？」我問。

她面露難色，但仍保持微笑，彷彿在捍衛她的好心情。

「那倒沒有，他只是介紹了我的名字，說我幫手寫歌，下次如果我帶朋友過來記得給我折扣。」

那即是他不打算再約她過來啦？雖然我在心裡這樣想，只是默默點頭。

曾聽過一句話說：「女朋友會介紹給朋友認識，SP 會把她的照片給朋友看。」

儘量不介入對方的生活，是 SP 界的規則，我不知道他和小悠之間的是一段崩壞了的SP 關係，還是他真的當她是女朋友？

「而且他特地問人有沒有章魚燒，說我喜歡章魚燒，你不覺得很貼心嗎？」

「嗯。」我心想，或者吧！不過這是最低消費吧，以撩妹來說。

「只告訴你啊！讓我最開心的還不是這樣……」

「啊？」

「那天是我們唯一一次見面而沒有上床的。」小悠含羞答答地說。

「是啊？」我終於稍為提起勁。

小悠又立即有點憂心地問我：「你覺得這樣正常嗎？」

「男女之間沒什麼正常不正常的，人人都不一樣吧。」

「我只想知道，如果不正常的話，這次約會算不算是正常化的一種。」

「或者吧。」

我苦惱著應該給她怎樣的忠告。

「總之不要被他拍床上照就好。」我最終說。

「你說什麼啦？」小悠難為情地一笑，用手弱弱地拍下我。「他沒有這樣要求過。」

「那就好。」

「怎麼啦？你見過他還覺得他信不過？」

「男人就算相處了一輩子都信不過。」

「觀塘開源道、尖沙咀加拿分道、旺角豉油街，三間店缺人，你可以選擇自己想上班的地點。」我想在便利店上班，見工時，主管這樣說。

我不自禁選了尖沙咀加拿分道，小悠說阿涼工作的地區。

結果上班第三天，真的看到阿涼在櫥窗外走過，看到他戴著鴨舌帽的身影快速飄過，心跳了一陣，以為是自己眼花，過了幾分鐘他又突然折回來，走進便利店裡來，筆直走向我，開口要買一包煙。他戴的鴨舌帽是同一頂。

我把煙遞給他，他這時才認出我，笑著說：「你穿這身制服，差點不認得。」

「你只有一頂鴨舌帽嗎？」我還是輕描淡寫。

他一笑，彷彿笑我注意。「我有很多鴨舌帽，但最常戴這一頂罷了。」他對我說，無視開始排在他身後的人龍。「我在上面工作。下班沒地方去的話上來坐坐。」

我木無表情地揚手叫下一位上來，他仍然笑著離開。

在狹窄的更衣室脫下制服外套和帽子收工時，同事跟我說：「有個帥哥在等你。」

連我電話號碼都沒有的阿涼，在店外面抽著煙一臉慵懶，但似乎心情不錯。

「你等我？」我在他背後喚他。

「嗨。沒你電話，所以索性等你。」他衝我微笑。

「你怎知我幾點收工？」

「以前跟這裡做的一個男生熟了，我找回他的電話，問他你這一更幾點收。」

沒想到他為了我還特意做這種事。

我跟他對望了一陣子。

「去哪裡？」我問。

我接著便和他去喝酒了，進情侶酒店上床也是他一句：「進去吧？」就進去了。

在我和他之間，明明是那麼離經叛道，卻又極其輕描淡寫。

而我就是喜歡這種不聲張的感覺。

「我一眼就知你有什麼用意。」在床邊穿回衣服的時候我說。

我很高興自己由始至終沒有看錯人，他和小悠之間，一定不是真正的愛情。

「那你又跟我喝酒？」他問。

「因為我都不是什麼好人。」

「別說好人壞人這麼沉重，只要知道我們是同一類人就好。」他說。

●●●●●●●●

「我找我男朋友出來。」有一次我和小悠外加兩個女生的聚會裡，小悠甜滋滋地宣佈自己交了男朋友，大家都猛說很想見他一面。

於是小悠低頭預備傳短訊，她非常謹慎地選擇用語。

「我說朋友想見他的話，他一定不出來，你說應該怎麼說才好？」小悠問大家。

「說你在他公司附近的酒店吃飯，忽然想見他？」朋友說。

「如果我這樣說，他會不會覺得我太黏？」

「黏又怎樣了？剛開始一個月誰不黏？」朋友慫恿道。

這班人根本不在乎那個人會不會因為小悠太黏而甩了她，一心只想滿足自己的好奇心。

「小悠說你見過他？真的又帥又有才華嗎？」朋友轉而問我。

「才華我不知道，帥不帥……也很難說。」我模稜兩可地說著。

「對不起，他說來不了。」小悠忽然說，失望之情形於色。

「為什麼？真掃興。」

我卻早知他不會出來。

阿涼不是那種隨傳隨到的人。

他當然沒有給理由吧！小悠是個連拒絕的理由都不需要想就可以打發過去的人物。

這晚離開的時候，小悠悄悄在我耳邊說：「糟了，那之後他沒有再看我的短訊，但他明明上過線的。」

「你還跟他說了什麼？」

「只是一個遲些見的貼圖。」

「那也的確沒什麼好回的。」

「是我不對，不該勉強他，他又不認識我的朋友。」

「你勉強他了嗎？」我有點意外。

「我說如果今晚不見面，就以後都別見面了。」小悠懊悔萬分地說。

小悠果然是太沒戀愛經驗了，這種話怎能說得出口。

我心高興了一下，這種事情早點結束或者不是壞事，小悠也該要成長了吧。

「怎麼辦？我應該怎樣挽回才好？我可以說手機被朋友搶了嗎？說短訊不是我發的行嗎？」

「別講多錯多了，給他一點時間吧。」

「糟了，已經日落了？」

不經不覺竟然和阿涼做完還聊了兩個小時。

就算穿著衣服和最熟的朋友在最適合聊天的地點，我都從沒有耐性跟誰聊過一小時以上。

我不是個善於揭露自己生活和感受的人。

我穿上運動胸罩之後，正舉起手穿短上衣的時候，他在後面對我說：「別動，這動作真美。」

我回頭看他，他用兩手的拇指和食指，做出「 」的相框動作，然後瞇著一隻眼，「咔嚓」一聲假裝跟我拍照。

他那神情充滿對這一刻的迷戀，我從來沒有見過任何男人懂得這樣看女人，因為有他的欣賞，女人覺得自己更美，他有能力令女孩相信，他真的想永遠停留在這一刻，這個房間裡，他想拍下我的照片，純粹是想捕捉住跟我獨處的時光，而沒有立壞什麼心腸。

「有沒有人叫你做模特兒？」他問。

「沒有，我不做這種夢。」

「這樣拍的話會很好。」他稍為換了一個角度，好像真的很認真思索著一樣，但他沒有拿出手機，沒有強來。

「那就拍啊。」我把他的手機擲給他，以示我的大膽。

明明是我叫小悠不要拍照的，自己卻同意了這件事，這準是他的魔力。

「真的可以？」他有點高興。

「嗯哼。就一張，選定才好按鍵。」

我微微昂起臉，如果他要擁有我的一張照片，希望照片裡的我是充滿驕傲的。

我絕不像小悠那樣低聲下氣地留住一個男人。

他拍下了一張，說：「這太美了。」然後給我看，我也很喜歡照片裡的自己，雖然頭髮微亂，化妝因為剛才的激情而掉落了一半，但有一種自然的野性美。

「要打去櫃台問可不可以延十五分鐘。」我把手機擲回給他，若無其事地說。

「算了啦，聊天的時間也很有價值啊。」他還在看剛才的照片，回味了一陣。

「為什麼不能去你那裡？你有老婆孩子不怕講。」我說。

他好像覺得這太匪夷所思地一笑。「跟家人住，只是覺得在酒店更自在吧？對我和女孩而言都是。」

「女孩。」我聽得出是眾數、泛指。

由始至終，他沒有喚過我的名字。

離開情侶酒店，走在人來人往的大街上時，我其實已經從剛才心神蕩漾的空間裡抽離，變得清醒了。

我笑了自己一會，心想，給他拍了照，他就會失蹤吧。獵人得不到能到處炫耀的戰利品是不會收手的。

其實，心底裡的另一個我，為了不落入感情，也想用這個方式來跟他斷絕吧，不然只會越踩越深。

我以為他不會再找我，但我想錯他了，他沒有因為這樣就另尋目標。

總之，那之後他又如常地至少每星期找我一次，上情侶酒店，每次還是會聊很久。

但我從來不會問他現在除了我，還有誰。

是自己錯看了他？還是，本來也不止我一人？多一人少一人也沒差？

我覺得自己知道他的很多事，包括他過去的情史，那是我最喜歡聽的部分。

我問他的第一次給了誰，他說是十六歲時跟某位大姐姐，我問他有過幾個女朋友，他豎起十根手指頭，每次見面就跟我講一個。

數到第九根手指，還沒有聽到小悠的名字。

我承認我是有點期待自己是第十個名字。

今天正是我們第十次上情侶酒店的日子，就被小悠逮個正著。

小悠的氣好像下了點，只是坐在床邊靜靜抹眼淚，那畫面很乖離，如果他出現就更不堪設想。

我不著痕跡地望望枱頭的時鐘，他已經遲了半小時，這是沒有發生過的事。

如果我是那第十個名字，他不可能今天才不出現。

雖然明知道這個答案，心中不免還是一陣失落，本來大可以一個人在這房內靜靜品嚐這份失落，卻又要面對小悠的激動。

「你坦白告訴我，我就不氣你。」小悠抽抽搭搭地說。

我沒有說話，我根本不明白她為什麼要氣我。如果她跟阿涼談的是真感情，我跟他怎麼樣都不會影響到他們。

「他有跟你做完聊天嗎？」小悠想問的竟然是這個。

「多少……會聊一下吧。」我含糊小聲地回答。

「幾分鐘？半小時？一小時？」小悠又爆哭起來。「我想知道他對我有幾真。」

我忽然覺得沒必要回答她，因為無論怎樣回答她都不會好過點。

我走過去，張開雙臂，輕輕摟住小悠。她顫抖的肩頭很瘦小，很可憐。愛一個人就會變得這麼可憐嗎？我不想這樣。

●●●●●●●●

後來我搬了出去，不想小悠因逃避和我共處一室而時時故意早出晚歸。

阿涼有傳訊息給我，但我都不讀不回，不清楚他跟我說什麼，我是那種一旦決定了結束就相當決絕的女人。

雖然這樣說，決絕只是表面上，私底下我還有看阿涼的 IG。

有一次他在朋友開的一間帽子店裡自拍，帖文寫道：

「我擁有很多不同款式的鴨舌帽，但真正經常會戴的只有這一頂，

跟女人一樣，靈魂伴侶最終只會有一個，

其他的，擁有過就好。」

我不知道我和小悠是不是他擁有過就好的類別，不過他戴這頂帽子的樣子真的很好看。

●●●●●●●●

後來我從其他女孩的口中得知，小悠仍和阿涼一起，感情似乎更好了一些，阿涼甚至願意跟另外兩個女孩一起喝過咖啡。

當然她們沒有叫上我，我跟小悠大抵也沒朋友做了。

大約半年後，我在諾士佛臺一間酒吧遇到阿涼跟另外兩個男人一起，其中一個渾身名牌穿搭、看起來很輕浮的男子高談闊論著與他睡過的女子。

「阿涼，怎麼沒聽你說過？我可不信你除了女朋友沒有偷吃啊！」另一個男子就陪笑。

「這沒什麼好講的。」

果然還是我的阿涼，這種事自己知就好了，沒必要四處炫耀。

「好小子，還講究道義呢，不行，多少給我們看看照片。」

阿涼懶洋洋地按了手機一下，給他們看，男子揮揮手說：「這是你的女朋友，我們見過了，女朋友以外的呢？只是睡覺的那種啊……」

我忍不住向他們走過去，才發現自己是如此想念阿涼的背影。

他好像在刷手機挑另一張照片……

我好想知他會分享誰的照片，剛才說是女朋友的照片又是誰？

是我還是小悠？

也許，只是我一直不願意承認，他對小悠是認真的？是我一直在欺騙自己、不願意相信像小悠這麼傻的女孩都會找到真愛？

而我還在愛海裡浮沉。

我的腳步僵住了，不知應否再前進。

因為我知道，就算照片中人是我，我也絕不會好過一點。

如果我是那第十個名字，
他不可能今天才不出現。

這樣坐在路旁等她下班跟我約會，
是我這些年感覺最幸福的時光，
當有這個覺悟時，
我決定了要將這個女人留在身邊。

布吉度假屋

朋友的前度

「喂，你還記得Jojo嗎？」

跟阿禮在桌球室打球，我剛打失了一球，輪到阿禮了。阿禮擦著桌球棍思索著下球怎打，打桌球應該是他唯一認真的時刻，我忽然覺得可以問他這個問題。

「Jojo？哪個Jojo？」阿禮皺了皺眉一想，他認識的Jojo說不定十根手指頭都不夠數。

「沛然啊。」我遠望了一眼阿禮剛走開的女朋友，似乎快要回來了，不知道應否說下去。

「啊，就說沛然嘛！十幾年前一起去布吉旅行的那個沛然是吧？」阿禮想起了，他笑起來，似是想起什麼美好回憶，這正是我不想看到的表情。「怎麼忽然說起她？」

「我最近遇到她。」我低著頭說，開始有點後悔帶起這話題。

「啊？她幾好嗎？」

阿禮又像平時一樣，不等人回答就自顧自說：「當年我們幾多歲？我和你廿五，她十八？嘩真是青春回憶。」

「我想跟你說一件事……」我正色一點說。

「什麼？」

「如果我現在想追她，你介不介意？」

阿禮睜大了眼睛，停下本來覺得必勝的一著。

「追誰？為什麼你會介意？」此時阿禮的新女友的嬌嗲聲音響起，我忽然不想說了。

「以前好女孩都是我追掉的嘛，所以他看上了誰都先問我，叫我手下留情，但現在不同了，我有你了，其他女孩不關我的事了，是吧？」阿禮說完摟住女友的腰，他的口甜舌滑這麼多年都沒有變，為了追女孩把我壓下的習慣也沒變。

阿禮女朋友有事，他送她離開，我在桌球室跟其他人對賽的時候，阿禮傳來語音留言。

「剛才好像未答你？我和沛然是咸豐年代的事了，puppy love，那時候我和你和她，大家都貪玩吧！我們兩個都做回好人了，過去的抹掉重新來過就好了。」

本來就是想聽他說不介意的，不過不知為什麼，當聽到他那麼否定過去的事，看得那麼輕描淡寫，又覺得對沛然不夠尊重，因而耿耿於懷。

● ● ● ● ● ● ● ●

跟沛然約了在酒吧等，雖說在酒吧等，才下午六時，酒吧還賣著為上班族而設的午市套餐，我也只是點了汽水，其實踏入三十五，對於曾經很熟悉的醉酒感覺已經厭了，而沛然絕不會笑我，最近我跟她就是熟到這種程度，再不要裝酷裝帥了。

這樣坐在路旁等她下班跟我約會，是我這些年感覺最幸福的時光，當有這個覺悟時，我決定了要將這個女人留在身邊，只是，不知道我跟她之間有著阿禮這段過去，會不會成為什麼障礙。

沛然坐下時天剛剛黑，酒吧亮起了戶外的火爐，氣氛很好。

「今天我跟阿禮說了，重遇你的事。」我說。

「是嗎？」沛然自然地解下圍巾，露出她纖細漂亮的脖子，理一下頭髮，臉上雖然有工作了一整天的疲累，但仍能笑瞇瞇地望著我。

她沒有問「他記得我嗎？」好像真的不太在乎一樣，這加強了我的信心。

「我跟他說，我想追你。」

「追我？」她饒有興味地望著我，那一深一淺的酒渦，跟十八歲時完全一樣。

我點點頭，等她給我多點信號。

「為什麼會想追我？」

我不擅長說話，一時間也不知怎樣解釋我對她的感覺。

「我覺得你是個好女孩。」

「嘻，我沒聽過人這樣說的。」她一笑，眼睛忽然蒙了一層濕，變得好感動。「不過我很高興，你這樣想。」

我知道沛然也一樣，有點介意自己的過去。

沛然比我們小幾歲，正確來說她小我六歲，小阿禮五歲，這也是阿禮當年的開場白。

一開始，她不欲告訴我們真名，只叫自己Jojo。

「你知不知道男女相差六年一定不會長久？五年可以，七年也可以，就是六年不可以。」阿禮對她說。

「真的嗎？為什麼？」

「沒有為什麼，命理這東西就像統計學，或者會有例外，不過比較少。」

「平常可能覺得沒什麼用，但如果有兩個男生要你選擇，選得很頭痛時，就千萬不要選相差六年的那個。」

阿禮指了指自己和身邊的我，他總是踩低我來抬高自己在女孩心中的位置，不過我都沒所謂，我承認他追女孩比我有方法，當時的我很羨慕他明明跟我一樣讀書不成、沒顏值沒身高、又窮又一事無成，但每次要把女孩時總能把到，而且全都是我完全不敢想像自己能高攀的漂亮女孩。

「我哪有男生給我選。」沛然的笑容告訴我，她已經被阿禮吸引過去了。

換著是別的女孩，我一點感覺都沒有，只想她儘快介紹她的女性朋友給我，但那晚不知怎地我覺得不太開心。

「怎可能沒有，你這麼漂亮，十個都有得你選。」阿禮輕撫著沛然的頭髮說。

事緣那一年，我們和另一個叫阿威的男生常一起玩，某晚我們三人一起看球賽時，阿威忽然說我們這麼大個仔都沒一起出國旅行，他剛入職旅行社，說有辦法弄到特平機票，提議去布吉，說租一幢有三間房的度假屋的話，三對人一起分擔划得來。「記得帶上女朋友！」阿威剛追到超漂亮的女孩，一臉威風地說。

「或者人家不肯跟你去旅行呢！」在球場看台上，阿禮剝著花生奚落他。

「女人啊，誰不愛有人請吃飯耍樂？只是你請不請得起而已。」阿威有了女友就突然自信百倍。

「真受不了他，明明是用特價機票，還說得自己多豪爽似的。」離開球場時，阿禮不爽地跟我說。

「問題是我們真的沒有女朋友。」我無奈，阿禮則剛跟女朋友分手，他很容易把到女，但問題是女人也很快看穿他的把戲離他而去，比起挽留，他情願再追另一個。

「他的女友也不怎麼樣，我一定要把上比他那個更漂亮的。」

「一星期後起飛，就算現在把到女孩子，也不可能認識一星期跟你去旅行。」

「不試過怎知道？總不能被他看扁這麼失威。」

出乎意料地，居然第二晚我們就在夜場發現了沛然。

「Jojo 說她可以一起去布吉。」第五天阿禮滿心歡喜地告訴我。「還有她原來叫沛然。」

怎麼看沛然都不像這麼隨便的女孩，不過我對看女人的信心不足，而且我也得擔心自己的女伴問題。

結果我約了暗戀了我一段時間、妹妹的同學一起去，她叫 Olive，是個容貌一般的四眼女生，不過 Olive 立即答應的樣子，好歹為我挽回不少自信。

阿威這個人果然信不過，我們打算在布吉消磨大部分時間的那間度假屋，完全貨不對辦，賣點之一的泳池，水已變綠，池邊堆滿枯葉和不知哪裡掉進來的可疑垃圾，一動不動的池水發出陣陣水生植物的臭味，女孩們怨聲載道。

「就這裡？怎住四天？」阿威的女朋友掩住鼻子說。

「我們換水便是。」阿威連忙說，好像很清楚做法似的，然而我們幾個誰都不懂得獨立屋的運作。

結果跟房管投訴，只借我們一部抽水機，忙了大半天才抽到一半水，更別說打掃功夫了，只好放棄。

「真可惜，好不容易說服女朋友帶了三點式泳衣來。」阿威說。

不止冰池，客廳沒有冷氣，一間房門壞了只關得上一半，要三間房門打開門讓冷氣涼到外面去，即是有人在客廳的話三間房都不宜關門，廁所的設施也很陳舊，浴簾也是發霉的。

三對人在客廳玩了 Olive 提議的集體遊戲，但其實大家都覺得很無聊，後來沛然說餓了，起來想翻熱食物的時候，發現廚房的微波爐裡還有一隻死老鼠，嚇得大叫。

她拉著阿禮到微波爐前查看，阿禮卻拉了我過去，我家以前在菜市場擺賣水果，應付死老鼠沒有難度。

「真的很謝謝你。」沛然對我說，是否我看錯了？竟覺得她眼中有仰慕，我覺得很開心。

阿威的女朋友聽到有老鼠說忍無可忍，她第一個說要離開這度假屋，「我自己租酒店。」阿威追著出去，三對人的度假營變成兩對。

不知是否遊戲過程中我對 Olive 太過冷淡，加上剛才跟沛然有所交流，Olive 惡作劇地拉攏沛然說：「這下好了，我們兩個女生一間房，他們兩個男生一間房。」

沛然說：「好啊。」這完全粉碎了阿禮的如意算盤，而我則沒有所謂，反正我不打算跟 Olive 怎麼樣。

「你帶個什麼女人來？那麼不識趣！」阿禮在房裡另一邊床對我說。

我反而覺得不識趣是她的唯一優點了，她幫了我一個大忙，不讓沛然落入狼口中。

不過那天睡到凌晨五點，我發現阿禮不在房間裡。

我摸黑出去，不見他在廁所或客廳，我輕敲女生的房門，Olive 好像也正想出來。

「什麼事？我正想上廁所。」她一臉希冀地望著我，彷彿以為我是為找她而來。

「有沒有見過阿禮？」我問。「我起床不見了他。」

「他昨晚好像來找沛然了。」

然後我突然想起了，剛才經過那間本應關不上門的房門，門確實關上了。

「那臭小子。」我低罵，這小子真的沒有事情阻得了他。

「你那個朋友比你主動得多。」Olive 悻悻然說。

我悻悻然出去屋外的花園裡。

我也可以很主動，只是那個人值不值得我主動。

不過阿禮為人再差，畢竟還是我多年朋友，當時還沒有想著疏遠他，還是告訴自己應該為他開心，只希望他更珍惜沛然，比其他女孩更珍惜才是。

在表明我跟沛然交往後，我和沛然、阿禮和他的新女朋友，也有四人一起吃過飯。

氣氛很平常，就是兩對情侶的四人聚會，阿禮的女友似乎完全不知阿禮和沛然交往過的事，但知道他們十多年前認識過。

「那時候這死仔就暗戀沛然啦！沒想到他這麼長情呢！你們一起，我真是最高興那個了！」阿禮這樣說不知是真的發現我喜歡沛然，還是記憶錯亂，我和他十幾歲時都曾經嗨很大，到現在我還不時後悔記性腦筋比別人差，不知是否以前太放縱的緣故。

他說得我們多年交情，其實我跟阿禮也不是一直這麼死黨，中間也有過反面的時候。

「阿禮比以前生性多了。」沛然只微笑說。

「是啊，我們以前什麼壞事沒做過？不過放心，我們已經做回好人了。」阿禮對女朋友說。

阿禮所謂的做了好人，是有了他自己的髮型屋，但聽說他最近又跟拍檔有點火花，因為他出言調戲了對方的未婚妻。

我對於這個人會做這種事早就見怪不怪，十幾年前的布吉之旅，也是因為他這樣而不歡而還。

好像是第三晚，我們六個人約好在有當地特色的路邊攤餐廳吃晚飯，阿禮喝醉了，居然摸了一個當地女子的屁股，那女子立即告訴了男友，那男友帶了一班人過來對付阿禮。

那晚我們幾乎被打死，沛然也是我護送著離開的，為了保護她，我的手被一張椅子砸中，醫了許久都不能回到本來的靈活度，所以後來就離開了剪髮的行業。

那件事我真的好生氣，在醫院我兇著問阿禮：「你到底還要因為女人害我幾多次？沛然還坐在你身邊！」

「怎知道不能摸？」

頭包著滲血繃帶的阿禮一點都不值得同情，如果不是我手疼，一定大大力補上一拳。

但因為自己的死黨如此失禮，當時我連問沛然聯絡方法的勇氣都沒有。

回香港後，我問過阿禮幾次：「沛然怎樣了？」或許我自以為說得輕描淡寫，而阿禮早知道我的心事吧。

每次他都只是一點都不在乎地說：「沒聯絡了。」他交了新女朋友，從此再沒有沛然的消息。

其時真的很氣阿禮，氣他不珍惜她，也怕她像別的女孩一樣，受到傷害。漸漸覺得他就真是徹頭徹尾的損友，就疏遠了他好幾年，只有大伙兒約才見他一次，他約我打桌球，我也次次推卻。

是直至幾年前，阿禮的媽媽入醫院，他記得我爸當年也是肝病去世，便打電話問我看哪個醫生好，伯母有事，我當然義不容辭幫忙，畢竟小時候都吃過她不少飯菜，還替我保釋過兩次。

伯母臨終前叮囑我，幫她照顧阿禮，說這麼久的朋友一輩子不會很多。當時阿禮好像真的反省過自己，我也覺得事情過了那麼久了，又不是真的有什麼過節，便又跟阿禮像沒事兒那樣做回朋友，不時打打桌球，但對於這個人始終有戒心了，不會再像以前那樣傻傻地跟在他身邊，做他的下把，幫他收拾殘局。

「你說他有沒有傷害到我嗎？倒也不算有。」

與阿禮和他女友分開後，我跟沛然在大街上走路到地鐵站，沛然說。

「像他這樣的渣男，後來我也遇過不少，就是眼裡只有自己的男人吧，男人不都是這樣子嗎？」倒是沛然看得很豁達。

「我不是。」

沛然甜甜一笑，說：「我知道。」

「基本上他就是那種完全不尊重女人的人，但不知為何女人對此好像沒什麼感覺。」我終於說出心底話。

「因為當他跟你一起的時候，感覺就像世界上真的只有你值得他專注吧。」

我有點不爽，沛然看出來了，立即修正：「我不是說自己，只是了解女人在愛情追求這一種感覺。」

我聳聳肩沒有評論。

我不明白女人為什麼會把男人的好色看錯是深情，但在男人眼中，動機再明顯不過了。

●●●●●●●●

「我有了孩子。」一天沛然對我說。

「結婚吧。」與其說是想也不用想，不如說我想了許久。

我和沛然辦了簡單的婚禮，只邀請了兩家人吃飯，為了不請阿禮，我連自己朋友都沒有請。幸好沛然沒所謂，她真是個好女人，我沒有看錯人。

迎接新生命的到來，令我充滿期待，也讓我和沛然的感情變得更加好。一聽說是個女兒，我更加激動，覺得一定要好好保護她，長大了不要被渣男接近。我太懂得男生的壞心思了。

懷孕七個月時我陪沛然去做產檢，居然在診所碰到曾和我們一起吃飯、阿禮的女朋友剛從診症室出來，她一見到我們，竟然立即就哭起來。

「發生什麼事了？」大著肚子的沛然不忘上前關心她。

「是阿禮說的，他的朋友都是把女朋友弄大肚子，就會結婚，所以我以為他也會這樣對我。」

我們陪了她好一會，聽她哭訴。

「結果他卻說沒想過要孩子，也不會跟我結婚，那麼他是為什麼要跟我說這些話，給我假希望？」

結果阿禮這個人還是本性難移，而且還胡亂將我們的情況搬出來欺騙女人。

「可能有什麼誤會，阿禮該不會這樣的。」沛然這時候居然還能替他講好說話，令我很意外。

沛然深表同情地叮囑我送阿禮的女朋友回家。

「你粗身大勢，怎能不送你而送她？」我嘀咕，不願為阿禮的糊塗帳買單。

「我平時都是這樣上班的啦！你送她吧！真怕她會做什麼傻事。」

我不情不願地送了那個女人回家，看著她不發一言、雙眼哭得通紅，想起沛然對她如此同情，不知是否感同身受？一想到阿禮可能曾經如此傷害過沛然，心中更覺對他的鄙視。

●●●●●●●●

我和沛然的女兒出生滿一百日時，決定請誰出席百日宴，沛然卻說：「阿禮和阿威呢？你不請他們？」

「他們又不是特別喜歡小孩……」

「這是你的喜事啊！不是應該跟好朋友分享嗎？而且你說阿禮的媽媽還叫你照顧他。」

我已經忘了是我告訴沛然這件事的嗎？還是她從阿禮那兒聽說的？

她跟阿禮難道有私下聯絡嗎？

有次，我發現她的手機收到阿禮的短訊。

「阿禮有你的號碼嗎？」我問她：「他跟你說什麼？」

「那次吃飯時他問我的，他傳我坐月的資訊罷了。」

「男人老狗，這關他什麼事？」我邊說邊拿起她的手機看。

那是一條短片，沒什麼可疑，我見正抱著女兒的沛然只看了我這一邊一眼，不反對我看，乘機查看他們之前的對話。

雖然不算頻密，大多是阿禮去到某些地方看到有趣的東西，街頭表演之類的東西，就隨手拍下傳給她看，有時傳完影片也沒有補上半句話，一貫他的風格。

表面上像是普通朋友間的生活分享，但我覺得阿禮不會對女人安這種好心。

更何況是和他有段過去的女人？

難道他真的以為我們兩夫妻可以若無其事和他交朋友嗎？都多大的人了？他好歹應該要有社交常識，知道該避忌一點。

●●●●●●●●

我無奈之下也請了他參加百日宴，阿禮不知道為何超級興奮。

宴會那天，阿禮抱著我的女兒，說：「你怎麼可能生女兒！人家說父親要有女人緣才會生女兒的，你明明是生兒子的材料！」阿禮又在言語間有意無意地奚落我，死性不改。

阿禮抱著我的女兒滿場跑，讓賓客看我的女兒，問我女兒像誰，不熟的人說不定以為他才是爸爸。

我更痛恨自己居然覺得這個想法，未必不可能。

都是他的錯，為什麼他不能收斂一點呢？這樣會影響人家夫妻關係的。

「喂喂，讓我當乾爸吧！」他還對我們說。

看到他那個覺得很好玩的樣子，我突然好火大。

「把女兒抱回來。」我板著臉對沛然說。

「怎麼了？」沛然不知就裡，但見我沉著氣，勢色不對，連忙把女兒從阿禮手上抱回來。

我向阿禮揮拳，全場嘩然。

別說笑了！像他這樣渣的人，還想當我女兒的乾爸，憑什麼？我沒法接受自己這麼珍惜的東西在他來說只是一時的玩物。

「你瘋了啦？」阿禮掩著臉罵我。

「你自己明明也可以有個孩子啊？是你自己不要罷了！」

阿禮本來想還擊，但自知理虧，只拋下幾句粗話，轉身離開。

是的，我的妻子跟我的死黨有過一段情，我問過他們兩個介不介意，但其實由始至終，最介意的，是我自己。

我沒法接受自己這麼珍惜的東西
在他來說只是一時的玩物。

「很難想像我還會由心喜歡一個人。」
不再對男人心存希冀，如何有愛的感覺？

伯明翰 B&B

爸爸，拜託別闖禍了！

「什麼？你也想到英國去？」餐桌上爸爸聽到我說出自己移民英國的打算，視線從電視上轉回來，大吃一驚地說。我雖然說得輕描淡寫，但其實如果他們細心一點，早就應該知道我不可能留在這裡。

「你弟弟已移民去英國了，你又走，那我們怎麼辦？」媽媽不知道該說是比爸爸更直接，還是更驚恐，立即放下碗筷。

不知道是大家思想上的分歧，或只是個性上的差異，向來將自尊放得高於一切的我，絕對無法想像自己問世上任何人「那我怎麼辦」這句話。如果我曾經對每個離開我的人說出「那我怎麼辦」，有多少個會因而心軟或者可憐我？我是那種對方既要走，絕對不會留的人，如果是感情好的話，我會祝福對方，絕對不會因為自己的不安而叫對方為我改變人生決定，不過首先，我就不會依賴任何人，當然了，我也沒有孩子。

「不是現在，可能多儲兩年錢。」我低頭吃飯小聲說，迴避他們渴求答案的眼神。

●●●●●●●●

弟弟的女兒是爸媽的所有寄託，但弟弟一家忽然說移民英國，一個月內就真的把樓賣了、在英國買了樓、全家走了，我真的很驚嘆他們的行動力，或許有孩子就是不一樣，為了孩子什麼都做得到。爸媽完全沒有怪責他不跟他們商量，也許是因為畢竟他有老婆，而我還是單身、寄居在娘家吧。

「不知道人家老婆怎麼想。」是我媽的口頭禪，每次兒子讓他們委屈了，他們都會自己忍下來，回來向我抱怨，但從不在兒子面前挑明了說，每次叫他們自己反映問題，他們就會搬出弟婦來，彷彿所有問題都是那個別人家的女兒做成的，他們兒子半點問題都沒有。

總之，他們是超級重男輕女的人，但我從來沒在意過，因為我一直立志向外飛，每隔兩年轉換一次工作，然後請半年假去遙遠的地方作深度旅行，回來在雜誌上寫旅遊文章，直至靈感枯竭便又會再辭職出發，過去十年來我都是這樣推動著自己的。

過了幾天，正當我以為移民這話題結束後，夜晚下班回來，見媽媽在開枱預備吃飯，我脫下外套便主動進廚房幫手端出晚飯的菜，她忽然對我說。「你那晚說的，我們想過了，我們跟你一起走，把這層樓賣了，像弟弟那樣在那邊買一幢就好了。」

不要說得那麼簡單。好想這樣說，但我沒有反駁她半句。

他們不是一直說，香港什麼都好嗎？要吃什麼都吃得到、豐儉由人，又不愁天災和恐怖襲擊……

自小我就不太會在家表達自己的想法，因為不管我說的是大是小，媽媽總找到反駁我的話，滔滔不絕地說，沒有一次接納過我的想法，因此我早就放棄了讓他們了解我。

或許因為家裡越沒有能了解我的人，我越渴望在外面的世界有了解我的人。

無奈的是，未婚的我還跟他們住在一起。

我不明白，他們為什麼覺得這件事是可行的，而且說得那麼輕易。

難道他們還沒意識到，他們跟我完全是兩個世界的人嗎？

我認為世上有正確的事、人應該要做的事、必須要堅持的事，但他們沒有。

還是他們其實也有？

● ● ● ● ● ● ● ●

我總覺得父母是很奇怪的，他們自小告訴你要努力讀書，長大了才能出人頭地，但長大了，每當有爭拗時，他們永遠不相信讀飽書的子女，認為自己的經驗勝過一切，那麼當初為何又叫我們讀書去明辨是非？只有在父母有求於子女時，才會突然承認自己什麼都不懂。

就拿上個月的一件事來說。

我想他們完全想不起我這兩年是在生態農莊工作的事，因為我每次旅行回來都會轉工，他們早就放棄了解，我也放棄向他們解釋。我喜歡大自然，喜歡行山，有導賞導師證書，平時也有帶保育團或導賞團。那天我朝早五點起床，晚上回到家，飯桌上爸爸卻望著電視新聞說：「那些人真是什麼都反對，野豬這麼多，殺掉一兩隻又如何？」

「對啊，以前鄉下打到野豬可是佳餚呢！」媽媽說。

我覺得很諷刺，我就是爸爸口中的「那些人」。

那天我一早出去就是跟一個朋友做野豬生態團的帶隊，向參加者講述野生動物的保育，希望做到人與野生動物的共存。

我因為了解越多，越想找到最完美的切入點，越不知從哪兒說起最好。

況且我從來不擅長向他們闡述自己的立場。

然後爸又借題發揮：「好像那些人總是反對用郊野公園地，其實那麼多地不給人住不浪費嗎？」

我頓時覺得不需要嘗試解釋給他們聽了。

根本大家的價值觀就有太多的不同吧？我明明知道那些道理，但父母就是永遠不會被子女說服到的存在吧？如果開始了爭拗，最後只因為他們是父母，最終我總得承認他們是對的，那又傷了我的尊嚴和感情。

「跟父母談什麼尊嚴？做你父母什麼沒見過的？」

有一次帶團，一個十二歲的少女與父母爭吵，不知何故談及尊嚴的問題，也許是父母勉強她來吧，聽到她那樣回答，真的令我咋舌。

但如果我將這個例子抬出來，九成會被他們笑說：「你的尊嚴難道就跟十二歲的少女一樣嗎？」

是的，我今年都三十六歲了。

●●●●●●●

那天我在農莊跟另一位女同事一起油壁畫，是一幅以「農夫貓」為主題的壁畫，中學時我的美術一向不錯，看到成果，很是滿意，加上勞動後精神特別爽利，心情正好，卻聽到不遠處有人喚那個混蛋的名字：「Josh！你蜜月回來啦？」

我故意不回頭看，身邊的女同事 Faye 跟我交情很好，她壓低聲線靠過來對我說：「你看他那個容光煥發的樣子。」

我沒有回答，只更加用力地批盪著牆壁。

Josh 竟然走到我身邊，在我耳邊說：「今晚有空嗎？我有話想跟你說。」

這個無恥的男人，我渾身起了雞皮疙瘩。

我的反應是將手邊的油漆桶往他潑過去。

他慘叫了一聲，難以置信地望著我，目睹的同事們無不低叫。

我沒有為自己多作辯解，留下一身油漆狼狽的他，脫下手套轉身就走。

●●●●●●●

「你怎麼可以這麼厲害？」那晚知情的 Faye 跟我去喝酒。「同事們一定會追問你為何這樣對他。」

「要解釋留給他去，我倒想知道他怎樣說。」

兩個月前，Josh 親近我，常常約我下班後吃飯，上班時又對我特別溫柔，讓我以為自己的感情終於有著落。哪知上過幾次床後，忽然在他的 FaceBook 看到他結婚的消息。新娘子還說婚禮籌辦了很長的時間，即是說他由始至終都只是想在婚前偷食。

「不過你做得這麼絕，不是說現在留一線，他日好相見嗎？」Faye 問我。

「跟這種人，沒什麼好留一線的。」

像有雞先還是有蛋先一樣，不知道哪一樣為因哪樣為果，造成今天的我，我是個絕對的人，無論個性和人生選擇，我從沒有後悔或者否定自己。

雖然說得這麼硬，我還是得沮喪地承認：「唉，真是倒霉，一輩子只遇到渣男。」

「女人真的很難當。」Faye 說：「過度熱情又被說是花癡，但感情受過傷害，真的會變得超冷淡。」

「然後又被說成是冷感中女。」我苦笑說。

她跟我乾了一杯，這是同病相憐的苦杯。她最近才跟相戀十二年的男朋友分手，這對女人來說是重大打擊。

「說起來，當個冷感中女還有一件頭痛的事。」我忽然想起了家中兩個老人。

「兩老沒什麼吧？」

「他們竟然說，遲些跟我一起走。」

「你弟弟一家不是在英國嗎？兩老想見孫女吧？他們是不是以為英國很小，只要跟著你去，就可以常常見到孫女。」

「八成是這樣。」

「但不該是直接跟你弟嗎？」

「大概是不想打擾別人一家吧。」我嘆口氣。「畢竟人家又沒有邀請他們。」

「所以一心想著跟著未出嫁的閨女。」Faye刻意說得老套，我打打她，我們一笑。

「他們可以說我不為他們設想，但問題是他們何曾替我設想？拖著兩個不會英文、討厭西餐的老人，只能住在唐人區，那裡不會有我想找的工作。」

「更不會有你想認識的對象呀。」Faye調侃我。

「這個我倒不會去想。」我說：「反正，愛情不是你要不要的問題，而是你的人生裡註定了有沒有的問題，強求也沒有用。」

「雖然說不想強求，總不成讓那個渣男成為你這輩子最後一段情史吧？這樣對他太抬舉了。」

「也是啊，只是，如果把渣男撇除在愛情履歷裡，恐怕沒什麼好寫了。」我苦笑，她覺得中聽，跟我乾了滿滿一杯。

「總之，如果因為沒有成家，照顧他們老後的責任就必須由我一個人承擔，我覺得這樣一點也不公平。」我續說。

「所以就說，快點嫁了，就不用背負父母這擔子了。」

「總不能因為這樣就隨便找個人嫁吧！」

「那的確是，聽說香港的離婚率達50%呢！即每兩對人結婚就有一對會離婚！」

我忽爾唏噓起來。

「就算數據達到八成，大抵想結婚的女人還是佔大多數。」她見我無語，接著說。

「很難想像我還會由心喜歡一個人。」我說。

不再對男人心存希冀，如何有愛的感覺？

●●●●●●●●

過年前的一個月，弟婦忽然傳來航空公司網頁訂機票的連結，說老人家訂機票有半價優惠。

兩老望著我開出來的網頁，沉默不語，唯獨是我，因為是親生女兒，早看穿了他們若無其事表情背後的心事。

「人家都主動告訴你有特價機票了，你們去不去？過年我有假期，現在要決定了。」

「那就去吧。」

老人家都是這樣被迫著才行動。

其實我這樣提議是有著私心，希望他們感受過英國生活之後，會打消跟隨著我的念頭。

但女兒畢竟是女兒吧，一邊想不顧父母往外闖，一邊還是做不出不顧他們的事來。

因此要籌備這次行程，自自然然是以兩老的能力和興趣為依歸。

「英國沒什麼好看的，我都知道了。」

老爸在飛機上神氣地說，以他口中的知道，不過是二十年前跟過十天玩十一國的旅行團，景點都是到此一遊，連自己去了哪裡都分不清的程度。

但兩星期的英國之旅，他們堅持另外租住酒店，不想住在弟弟家，說怕麻煩了弟弟，這些時候不知該欣賞他們的尊嚴，還是暗嘆他們的不公，不麻煩弟弟的意思，就是將全部麻煩推到我身上。

●●●●●●●●

這次去的是伯明翰，弟弟住在這裡，香港人也多。據說如果倫敦像中環、銅鑼灣，伯明翰就像旺角，種族的包容性更強，很多人視之為未選定最終落腳點前抵英的第一站。

從來沒試過安排行程如此頭痛，我出國都是背包自由行，走大半天的山路都可以面不改容，深入亞馬遜叢林見過手掌那麼大的蚊子都不怕，但一想到老人家吃不慣冰冷食物，不是一件三文治一盤沙拉就可以解決一餐，還有容易勞累、經常要上廁所的問題⋯⋯

最後，我在 Airbnb 網站上租了兩個相連的公寓單位，雖然會多花一點錢，但我真的很想試一下一個人住在英國的感覺，也想讓他們實習一下，兒女不一定一起生活的感覺。

聽見不是酒店而是網上租的單位，起初爸爸還不信，以為八成是坑人的。沒想到地點挺方便，公寓也挺新派的，不是想像中那種英倫風建築，爸媽表現出放下心頭大石的樣子。

爸爸對於在地下大閘外按了密碼就能自出自入相當驚喜，還問：「連管理員都沒有？這裡的人不是都失業嗎？」

我執意跟爸媽分別租了兩個相鄰同樓層的單位，保留自己的私人空間，直至進門的一刻媽媽還在嘀咕我浪費金錢，進門後，他們看到窗明几淨的樣子，比他們以前跟團旅行的小酒店好太多，立即就舒舒服服地住下了。

「你們好好休息一晚，明天弟弟還請不了假，我們先去玩一下。」我叮囑他們。

「明天哪裡可以喝中茶？」爸爸追問，我真的被他氣死。

「今晚我上網查一下好了。」我沒好氣地說。

第二天一早，在升降機裡，我注意到有一個很像香港人的男子，他年紀看來跟我差不多，穿一件日版的 The North Face 外套，典型的香港人。我們目光稍為接觸了一下，他朝我們三人微笑，我回以禮貌的微笑。

爸爸問我：「今天出去有什麼玩？」

「我安排了去博物館。」我們用廣東話交談著。

「有什麼好看的？」媽媽一如所料，什麼都反對，也不想想我又要訂票又要安排車。我有點勞氣，但因為有陌生人在而稍為按捺住。「你們也不想想自己幾多歲了，又不願意花錢買東西，逛商場也逛不了這麼多天。」

「打擾了，你們是香港人？」男子開了口，我鬆了口氣。

「唉呀你也是呀。」媽媽面對外人永遠客氣，讓人以為她很好相處。

「是的，我來這邊半年了，這幢大廈有一半都是香港人。」他笑笑：「你們也是剛移民過來？」

「呀，不是不是，我們只是跟女兒來玩。」

「我們住在這大廈的 B&B。」我說。

「原來是這樣。」他眼睛望著我，笑容溫和，是我喜歡的類型。他像替我解圍地說：「我父母過來的時候，我也會帶他們上博物館，那間博物館那邊還有一間中餐館，是香港人開的，應該會合你們口味。」

「我就是想去那間餐館。」我說。

「有奶茶喝嗎？港式的那種呀。」爸爸連忙問。

「有啊，相當正宗。」男人保證的語氣像哄小孩子。

「那就去吧，博物館什麼的，先喝奶茶，然後什麼都好說。」

我和男人都被我爸弄得啼笑皆非，我很感謝他。

離開的時候，男人報上自己單位的號碼，說要幫忙的話可以找他。

但我們連彼此的名字都不知道。

結果那晚就出亂子了，我過去爸媽的單位找他們，他們竟然沒有應門，我怕他們在裡面暈倒了。

房間是我訂的，立即按了門鎖密碼開門，竟然不在，不知兩個去哪裡了？

打電話給他們也沒有接聽，我跑遍了大廈周圍，都不見他們蹤影。

要是不見了爸媽，怎向弟弟交代？一時間不敢找弟弟商量。

我第一時間想到那個男人，只好硬著頭皮去 503 室找他。

男人抱著一頭貓出來，是我一直想養的黑白禮服貓。

我注意到他屋裡很多紙箱，不知是剛到埗還是預備離開。

不過我無暇詢問，我大意說明了父母失蹤的事。

「我一個人帶他們過來，不知道是不是帶他們來了治安不好的地方？這情況應不應該報警？」

「你不用太擔心，這區治安不壞的，今天整天他們有沒有提過想去哪裡？」男人耐心地聽我說。

「我想起了，在那間香港人開的茶餐廳裡，他們好像一直說鄰桌的乾炒牛河好像很好吃，但今天吃不下，就說下次再去吃⋯⋯該不會自己出發去了吧？」

「可能是這樣。」

「不過那間店好像五點就打烊了吧。」

「他們大概不知道，或者以為很近，打烊前去得了，天黑前回得來。」我越想，又焦急又生氣。

「今早你們怎麼去的？」男人問我。

「坐巴士去的，但都是我帶路，況且現在外面這麼黑，他們哪認得路？」

「我開車載你沿巴士路線找找看。」男人主動說。

「可是……你是不是正在忙？」我往屋內瞧了一下。

他知道我注意到紙箱，笑著說：「沒事，行得開，找人要緊。」

「那謝謝你。」

●●●●●●●●

回到今早去過的茶餐廳，已打烊當然找不到人。

但男人很快想到上FaceBook留言給茶餐廳東主，茶餐廳東主很快回覆了我們，說過兩條街還有一間港式茶餐廳，有做晚市，著我們過去看看，相信兩老或者會改為去了那家。

結果兩老就坐在窗口位，一邊歎茶一邊望著玻璃窗，那模樣還真悠閒。

「你們為什麼自己外出都不跟我說一聲？又不聽電話？知不知道我多擔心你！四處找你！」我氣急敗壞地衝著他們說。

「唉呀，擔心個什麼？我以前可是開的士的呢！不過是有點小意外，原來那間店這麼早打烊，怎麼可以這麼懶，我們香港人的精神應該是搏到盡……咦，這位不就是升降機裡遇到的先生？」

「是我，你女兒怕你們走丟，我看看有什麼可以幫忙。」他答。

「不是他我也找不到你們，你們懂得回家嗎？」我說。

被陌生人這麼一說，兩老才終於理解自己做成別人困擾似的。

媽媽難為情地說：「真麻煩你了，這位先生，我們想再喝那家茶餐廳的奶茶，以為很容易去。而且這邊好像很多香港人，以為隨便找個人都能問路。」

「你們也真厲害啊，自己找到這家店來。」他還稱讚他們。

「唉呀不過這家是騙人的，說是港式，但是台灣人開的呀。」

「這家老闆是台灣人，不過老闆娘應該是香港人。」

「原來是這樣啊。」兩老唯獨在外人面前唯唯諾諾，不像在我面前駁嘴駁舌。

●●●●●●●●

他開車送我們回大廈，兩老居然舒適得在後座睡著了，我有點尷尬。

「不好意思，坐了你的車這麼久，都沒問你的名字，我叫阿 Moon。」

「我叫 Will，我以前做網頁的，你呢？」

「做生態導賞，也寫寫旅遊文章。」

「文人啊？厲害。」他笑著續道：「這次你也真了不起，單人匹馬帶著兩老來英國玩。」

我苦笑。「他們以往出國去旅行都是跟團，不知哪來的自信可以自己找到路。」

「但你不就是想他們拿出多點勇氣照顧自己嗎？他們有想去的地方，願意不打擾你去找，也是一件好事。」這時後座傳來轉身的聲音，也許爸爸一直醒著，Will 故意說給他聽似的，溫柔地說：「不過前提記得聽電話，別讓女兒擔心。」

●●●●●●●●

送爸媽回他們的 B&B 公寓後，我總算回到家，跟弟弟報過這場虛驚後，自己也洗了澡，淋浴時好像聽見對講機響，一時有點陌生，因為只是 B&B，響了一會才想起是這裡的對講機，但出來打開門時，外面沒有人，地上放下了六枝啤酒，上面有一張紙條寫著「今天辛苦了，希望沒吵醒你，請你喝。Will」

啤酒上面寫著「望夫石」（Amah Rock）、「新娘潭」（Bride's Pool）等等香港特色的名字。我沒見過這牌子的啤酒，覺得很有趣。而且自己是做自然導賞的，更覺得彷似冥冥中有什麼牽引。

但是他來過卻遇著我不能應門，只能說是命中註定的錯過，我苦笑，或者這就是我的命。

第二天我本來打算下樓去感謝他昨天的奔波和啤酒，但我弟一家說能提早跟兩老見面，兩老非常雀躍。「你多穿件外衣吧，爸。」「護照最好隨身不是跟你說過了嗎？」出門前忙著督促兩老，下樓時雖然有短暫幾秒停在 Will 門前，最後都沒有按他的門鈴。

玩了一天回來，按 Will 房的門鈴，開門的同樣是香港人的臉孔，但不是他。

「我是屋主，之前租屋給 Will 短住，因為有急事回來，Will 就提早搬走了。」

我本來想問他 Will 搬到哪裡了，但想想又不是多麼熟的關係，無謂尋根究底，便作罷。

●●●●●●●●

過了幾天，老爸堅持自己懂得修理汽車，說自己動手可以省錢，他替弟弟換了輪胎，弟婦一直在旁擔心地說：「這樣真的可以嗎？畢竟車上還有小孩……」「當然可以，我可是有五十年經驗的職業司機呢！」老爸卻胸有成竹地說。

我看著弟婦越皺越深的眉頭，生怕兩老的難搞攤在眼前，她更不會讓兩老將來跟著他們……

結果走了半小時吧，車在一個公園附近再也走不動。

能平安停在一個風景宜人的大公園旁，我們其實都鬆了口氣，要是上公路才壞車更糟了。

弟弟打了電話叫拖車公司過來，「費用比叫人換輪胎更貴。」弟弟在我身邊嘀咕，我向他翻了一下白眼，我們家的老爸就是這樣子，他又不是不知道的。

「沒事沒事，我付我付。」爸爸永遠不會認自己錯，他指著公園說：「那就進去邊等邊玩好了。」

老人家只要跟孫女一起玩，做什麼都開心，根本不用特地安排節目。

我不時拿出長焦距相機，拍攝湖畔或樹上的雀鳥，回港後寫的旅遊文章需要很多圖片……

我忽然看到一個有點熟悉的身影——Will在一間酒吧裡提著啤酒穿梭在桌子間，有時又會走進吧枱後，心想難不成他在這裡工作？

我沒有前去跟他打招呼，他卻離遠見到我，也許是我們一家跟小孩一起太吵了吧？而且又是說著廣東話。

兩老正和弟弟一家三口坐在特長的搖搖板上，Will 在高處的酒吧戶口部分跟我揮手，我便跟他揮手，家人都跟著我目光回頭看，媽媽問：「那不是 Will 嗎？」據說老了會變遠視，果然他們視力還真好。「呀！那個好人，你趕快去找他聊天去。」

媽媽連忙搶了我的相機，她動作從未如此敏捷，我有點擔心我的相機，但仍硬著頭皮向 Will 走過去了。

●●●●●●●●

「其實我也是每個地區租三個月那樣，試試在附近的酒吧推銷自己的啤酒，所以那單位也是 Airbnb 租的。」

我跟 Will 坐在酒吧的戶外桌子上，那裡能俯瞰我一家人的活動。

他的生活方式，竟然跟我在香港的打工模式有異曲同工的地方。

「你之前說你做網頁。」

「是的，既然換了個地方重新出發，就想為什麼不做點自己想做的事？」他笑笑，我發現自己挺喜歡和他交談，也許是因為每一次都不是刻意的，沒以前的關係那麼費勁，反而覺得舒服。

「碰巧那屋主說有急事回來，我便提早走，跟你相遇的那一區，似乎遲來一步，很難打入市場，所以就搬到這鄰近試試看。」

「一個人自由自在真好呢！」我說：「香港人靈活變通，一個人自由自在，總能行出一路條來的。」

「其實本來不是一個人的。」他欲言又止，低頭苦笑，竟有男孩的靦腆，但又沒有說下去。

此時我爸正在跟孫女騎膊馬，就像她幾歲時做的那樣，但她現在都八歲了。

「據說人老了就會變回小孩，或者真是這樣吧？」不知他是否想轉開話題。

「你有小孩嗎？」我卻問。

「貓算嗎？」他反問我，呷了一口「望夫石」啤酒。

我笑著搖頭，沒追問。

「以前，對家人都沒什麼感覺，不過年紀漸大，現在明白了，雖然是負累，但無論怎樣都捨不得他們受苦，有好東西好事也想跟他們分享，這就是家人吧？」他望著我的家人說。

我說出自己的打算：「其實我自己也在物色落腳點，雖然儘量不想跟家人待太近，畢竟這輩子已經太近了。而且我想養隻貓。」

「真的？那麼到時我要介紹你領養貓的地方。」

他說得順理成章，似乎有意交往下去，我這人既想要自由，卻又會為了有所依靠感到安心，女人就是如此矛盾。

「但要是帶著這兩個老頑童，恐怕就難了。」

「其實，我本來是跟太太一起移民來的。」

他忽然決定可以說了。

聽到這不禁一陣失望，但我注意到「本來」兩個字。

「我們養的兩隻貓已經很老了，禁不起十幾小時的飛機，我老婆就說，她留在香港，等貓自然走了才過來，不過現在貓走了，她才說，其實不想過來，還提出了離婚。」

「所以貓只是藉口？」

人大了似乎明白很多東西都只是藉口，其實各人心中老早已有了打算。

「或者吧，或者在等待的過程中，有什麼改變了，無論想法上、感情上，她很決絕，也似乎不想解釋，我沒勉強她。」

連他這副不是很想勉強別人的個性，看來都跟我有點像。

「所以現在跟著你的是英國貓？」我問。其實我真的想問的是，所以你現在是一個人？

「對，現在的貓是我過來這邊才領養的，自小家裡就有貓，沒有貓一起生活就是不自在。」

望著肩膊上抬著孫女，走得氣來氣喘的老爸，隔著距離一看，才發現他真的老了許多。

父母老了，我也老得可以說出對他們的感情。

「其實我一直都可以搬出去，養一隻貓，我只是沒法不去照顧他們。」

「其實可以帶他們來玩，你都開心吧？」

「也是。」我莞爾承認。

然後酒吧裡有人喚他，似乎老闆之間有了決定，用不用他推銷的啤酒。

我舉起他的啤酒，回頭向裡面的人笑著說：「很好喝，會再回來喝。」

算是盡了力幫忙。

Will跟裡面的人聊了幾句，笑逐顏開地回頭看我，對我豎起了大拇指，似乎成功了。

我真替他高興。

我們交換了電話，他有下一站要趕去，就此說了再見，他有電話要接聽，道別也很乾脆，並沒有想像中的浪漫場面。

「交男朋友了？」回來的時候，八歲的姪女竟然問我，不知他們在背後說了我的什麼話。

「你很擔心我交不到男朋友嗎？」我逗著她說，沒見不足一年，姪女已頓有少女感。

「做人要積極一點，一切都會不一樣啊。」姪女說出老氣橫秋的話，大家都笑了。

●●●●●●●●

那之後 Will 的確傳來過短訊，都是一般的閒話家常，或適合老人家的旅遊點推介，不可說幫上我不少忙，所以我也會傳回兩老的照片給他。

「你呢？」他問過為何照片中沒有我。

「我是拍攝的那個，這次行程我不是主角。」

他也曾問過我需要送機嗎？「我碰巧過幾天會到倫敦去。」

我想了一晚，畢竟過去談戀愛的經驗失敗為多，如今我不敢輕易投入。

我禮貌地謝過，表示一切都打點好了。

●●●●●●●●

回程前的最後一天，我說好了先一個人回倫敦，做點自己想做的事，第二朝才接回兩老，一起回港。

不久前聽說在皇后劇場上演的《歌聲魅影》居然因為成本高昂、觀眾減少的關係，宣佈將在二月尾暫停演出，我果斷地買了門票。

我曾經問他們要不要一起看，或許這就是 Will 所說的，有好東西自然會想跟家人分享，但他們表示「鬼佬粵劇不知道在唱什麼」而拒絕，不過我覺得他們只是聽見慣目捨不得花錢。

在弟弟家門前的小公園，想跟兩老說再見，並叮囑弟弟一定要讓他們帶齊行李，一回神，傳來爸爸的呼叫聲。

「哎呀呀，好痛好痛……」

原來是他讓孫女騎膊馬拉傷了頸。

「我早叫了你不要騎！」媽媽又在馬後炮。

「不要再逞強了好嘛。」我又氣又擔心。

結果整個早上，我都得陪他跑醫院，找到保險可以理賠的醫院，又要打電話聯絡航空公司，嘗試將回程機位換成 business class，好讓他十幾個小時航程坐得比較舒服。

結果再坐兩個多小時的火車回到倫敦時，劇連下半場都上演了一半，不讓人進去了。

我真的覺得很沮喪，彷彿預視到自己的未來都會是這樣。

儘管這樣想，還是打了電話回去確認爸爸傷後是否一切安好。

「他沒事，又跟孫女玩飛高高了，他說有頭等坐，到時再休息也不遲。」

我沒有更正他 business class 不是頭等，不過對他來說也一樣吧。

我這個老爸，就是愛逞強。

其實我都是遺傳了他。

掛了線，在皇后劇院的外面站了一會，倫敦四度的溫度，倒不如日本九度的寒冷，我站著稍稍解下了頸巾。

我一直記得我爸小時候對我很好，那時候根本不會去想爸爸與自己的價值觀是不是一樣，就只是想要一個疼自己的爸爸。

中四那一年，跟最好的朋友和一個男同學，三個人一起去看流星雨，她跟我說如果去得成，或者就能和他成為戀人了，其實我也喜歡那個男生，但我一直沒有說，那晚她的父母卻臨時不讓她出去，但說如果有大人就可以，所以她就死命要我問爸爸，沒想到我爸居然答允，結果一個大人護送著我們三個半夜去看流星雨……

那天的溫度也跟現在差不多，我仍記得在我眼前，我的女同學解下頸巾的一端，繞到男同學脖子上的畫面。

我坐在他們後面，我的爸爸坐在我們三人後面。他真的可以整晚沉默不語，讓我們想不起他的存在。

那天整個海灘上的人都等了許久，間中會有人大叫，指著天空說看到了流星，但我們明明什麼都沒有看到。

回程時天濛光，人人都睡眼惺忪，大家都要徒步走回市區才有巴士，爸爸一直護送著我們，這時候，他走在前頭。

我們坐上了他泊在半小時步程後一個迴旋處的的士，每個還要向前走的人都非常羨慕我們，我也深以爸爸為傲。

雖然失去了喜歡的男生，但我不覺得太悲傷。

也許我生來就不覺得找到另一半是十分重要的事，人生當中有很多其他事情讓我感動。

像一年往返一次的白鷺，像臉上流露慈愛的父親，像在異鄉為生存和自由奮鬥的人……

我嘆了口氣，正想離開，忽然又注意到身後有賣《歌聲魅影》精品的攤位，雖然最後都看不成，但想想這劇要是停演，買件精品回去也好。

便又停留，因為未散場，玻璃櫃的售貨員都慵懶地站在一旁刷手機。

我一眼看中玻璃櫃裡一個銀製的面具襟針，正想揚聲的時候……

「不好意思，我想看看這……」身邊有人的手指同時指向它。

我抬頭，訝然發現是Will。

「原來你說有事去倫敦，就為了這個？」我笑問他。

「是啊，你竟然也在這裡……你也看中這個襟針嗎？」他笑容燦爛。

「因為遲到，進不了場，就想買個紀念品……你看中，你要吧。」

「我也是遲了大到，其實是我記錯了時間，剛剛才被請出來，怎麼說都不讓我進去。」他開始思索著什麼似的，凝望著我的眼睛。「我可是特意坐了兩小時火車來倫敦看這場的呢！」

「我也是呀。」

我忽然想證明一件事。

我把自己的門票拿出來，他彷彿明白我的用意，也拿出他的票。

我們探頭一看，兩張票竟然是相鄰的位置。

「即是說不管我們趕不趕得及，都會遇見對方。」他認真地望著我說。

「除非我們一個先走了。」我說。

「不過命運並未這樣安排。」他說。

我們似乎都敗給命運了。

「這個我要買下來，送給你。」他已經掏出了錢包。

「這怎麼可以？我以為你要送給別人。」

「沒什麼別人。」他張開了臂膀，以示清白似的，孤家寡人。

我笑了。

「我希望，你真的移民過來時，這劇會復演，到時，一起來看。」

「嗯。」

我們肩並肩離開了皇后劇院。

爸爸，謝謝你每次闖禍，我才會遇見他。

這次，我總算恢復了對愛情的一點信心了。

也許我生來就不覺得
找到另一半是十分重要的事，
人生當中有很多其他事情讓我感動。

有些人只是留下了慣用之物，
有些人留下的影響卻在骨髓裡，
在一呼一吸裡，在整個人生裡。

服務式住宅

麻藥枕頭

「不如一起住吧。」

當 Seth 在床上情深款款地望著 Candace 說的時候，Candace 真覺得一切如做夢一樣美好。

今天是新加坡旅行的第三天，是他們相戀後第一次一起出遊。

「我想每天早上都見到你，每天回家都有你在。」Seth 在說時彷彿也覺得自己傻氣，有點靦腆地笑起來。

該不會只是衝動說出口吧？但他會有這股衝動的一刻，就教 Candace 感動了。

出發以來都相處愉快，並沒有人們說的，一起旅行就會知道缺點這回事。Seth 很遷就 Candace，吃的逛的買的看的全都會確認 Candace 感興趣才去，絕不會讓她感到無聊。在美食廣場 Candace 留在位子上等他買餐飲回來，看著他的背影，曾經有一種難以置信的感覺，像他這麼好的男朋友，誰會相信跟上一位女友分手才兩個月前的事呢？那個女孩是怎可能捨得放他走的呢？

「那麼我們住在誰的家？」Candace 問。

「你來我家？反正我家有雙人床。」

Seth 提起那張雙人床時，Candace 完全沒想過那意味著他們之間會有問題。

「好啊。」

●●●●●●●●

「你就只帶這些東西？多帶一點沒關係。」Seth 清空了衣櫥的一邊，還預備了香檳金色 Francfranc 的掛衣架，讓 Candace 放東西，想起他今天早上就在為她做這件事，Candace 覺得他真的很貼心。

他的家 Candace 不是第一次上來，他的床也不是第一次睡過夜，但今天起，這兒是

Candace的家了，這樣想來，周遭看起來又新奇又有趣，每樣東西都看得仔細些，想知道它們的來歷。

衣櫥裡的香味是Candace喜歡的氣味，是The Laundress的鈴蘭芳香劑。

「你居然也用這個味，難不成真如人家說，是因為香味相投才會喜歡上彼此嗎？」Candace一邊掛上襯衫一邊說。

Seth在Candace身邊用手機，他沒什麼特別地說：「啊？是嗎？我不認識這些東西，都是以前那位買的。」

是啊！因為才過了兩個月，所以芳香劑這東西難怪還沒用完。

Candace其實早知道那個叫Flora的女子跟Seth同住過一年，雕刻著Flora字樣的門匙木掛牌還掛在入口大門旁，但之前幾次上來時，幾次朝早都趕著上班，並沒有刻意去查探他的家，但至少並沒有女人護膚品或者牙刷梳子之類其他女人使用的東西，Candace只要知道自己是現任就很開心了，並沒有想太多，也不想想太多，畢竟之前Candace和Seth的感情沒有現在這麼穩定，Candace關心的只是他是不是會出來玩的那種男人、是否打算認真發展而已。

「那這款衣架呢？」Candace 試探著問。

「也是她買的。」

「那她都幾有品味啊。」Candace 輕描淡寫地說。

「那也是，她什麼都講究品味，最沒品味的事也許是選了我了。」他苦笑了一下說。

Candace 有點不知所措，還是第一次聽他這樣讚一個女人，也是第一次聽他如此自貶。

她知道 Seth 是被分手的一方，還為此很受傷，但是 Candace 跟 Seth 在幾個場合都十分巧合地相遇，所以 Candace 也認為他們是命中註定的一對，有他們獨一無二的浪漫，當然 Seth 也有幾次透露過失戀的心情，問過他們分手的理由，「說是什麼跟我一起沒法追尋自我，完全不曉得她說什麼，沒感覺就沒感覺了吧。」Candace 表示同意。但無論那段戀情有幾傷，她都只當是他們的愛情的鋪陳罷了，並以為舊情多多少少是男人重回情場最容易找到的話題，傷越深，作為女人越會為了自己能帶他走出情傷而高興。

Candace 從來沒有將那個能傷他心的前度女友放在心上，只是覺得，每個人都有過去吧！和他現在什麼都不缺，有激情有激情，要溝通有溝通，如果還要找出不滿意的地方，不是自尋煩惱嗎？

那晚，Candace卻一直思索著這些，在他身邊輾轉反側，不能入睡。

●●●●●●●

「怎麼了？睡不慣？」他半夜醒來溫柔地問她。

「或許陌生床吧。」她微笑說：「你倒是睡得很熟呢。」

「是枕頭的問題嗎？要不要試試我這個？」他坐起來問。

Candace伸手按了他的枕頭一下，笑說：「你這個真的好像挺好睡的。」

「嗯，以前的女朋友知我睡不好，在韓國買回來的，說是什麼麻藥枕頭？我不知道是不是真的含藥還是只是一個名字，不過對我真的挺有效的。」

其實他大可以說句「因為有你在身旁」就可以了，無論什麼都比告訴她這枕頭的來歷好得多，但或者，能夠不經意說出這些，才顯出他問心無愧吧，她想。

「啊，她真細心。」Candace 重新躺在自己那邊的枕頭上，背向他，小聲重複了一遍：「又細心又有品味，你們的感情真好。」

他總算聽出了她的不爽，擁住她，在她耳邊哄著說：「怎麼啦？幾好都過去了啦。」

●●●●●●●●

Candace 一向的戀愛習慣，都是自己去觀察對方，拼湊出他的整個面貌來。

其後當他說出一些她猜測過的事物而證明她沒猜錯，她就會覺得是命定的瞬間、宿命之戀之類的東西。

一旦知道這間屋會有他前度女友留下來的生活痕跡，忽然懷疑每一處是否都是她的手筆，她所鍾愛的他自己的選擇又在哪裡呢？

飯廳餐桌旁牆上掛的韓國畫家畫的粉彩畫是她選的嗎？畫中抽象的獨行女子是她嗎？還是只是她嚮往的形象？

那部 Krups 咖啡機 Candace 問他怎樣打出奶泡，他說他不懂，他說他多數手沖，那麼咖啡機也是她買的嗎？

「這部洗碗機怎麼用？」有一天煮完情人節晚餐 Candace 在洗碗台前問。

「我很少用的，很耗水。」他走過來，主動拿起洗碗棉，那是一塊黑貓形狀的洗碗棉，一看就知他不可能會自己買，而且廚櫃裡有很多件未使用的，八成也是那個前度買下沒用完就搬走了。

「兩個人吃頓飯用不了多少碗筷，手洗就可以了，讓我來。」他挽起袖子準備洗碗。

Candace 感慨，Seth 明明是個好男友，為什麼就是要有一條刺拔不走。

「那為什麼洗碗機又會存在呢？一定是她的主意吧？」Candace 終於開口。「所有的東西，為什麼不帶走呢？是刻意的嗎？」

「刻意？怎麼會。」他失笑：「你是女人，也該知道女人要走有幾絕情吧，她只是懶得取走罷了。」

「我覺得不是她刻意，就是你還在想她。」Candace 生氣地掉下抹布，走到沙發上坐下。

Seth歎了一口氣，比起不知如何是好，更似是早感到不妥，也怪她怎麼不能諒解。

「畢竟也只是跟她分了手兩個月，也得給我一點時間啊？」他說。

「一點時間，即是多少時間？」她反問。

「我都跟你一起了，我待你不好嗎？我連鎖匙都給你了啊！」

或許在男人心裡，行動就是最佳的表示了，但女人太敏感，沒法對細節裡的東西視而不見。

「可以保證我把她負責出主意的部分拿走嗎？我的要求只是這麼簡單罷了。」

「那她要把這堵牆油成粉藍色，難道我就要開工把它油成其他顏色嗎？你也不想想這麼一折騰，不是更突出她的存在嗎？就不能讓事情自自然然丟淡嗎？不管哪部分是她留下的、哪部分是我自己的，全部都已經是我的東西了，何必深究呢？」

Candace想想覺得Seth不是全沒道理，只得作罷。

「不如搬去你那裡住？」Seth提出。

「怎麼行呢！我跟父母住，他們不接受的。」

無計可施的他感嘆了一句：

「難道你就沒有前度留下來的東西嗎？」

「當然沒有，他們送我的東西，分手了就一件不留。」Candace 自豪地說。

Seth 微笑了一下，小聲說：「那是因為你還年輕。」

Candace 今年二十六歲，Seth 三十二。Candace 雖然很享受被他當小孩子那樣寵，但心想這差距還不到他來說教的程度吧。

「這跟年輕有什麼關係？就算我到了你的年紀，我還是會一樣做法。」

Seth 聳聳肩沒有說下去，回去洗碗了。

看著他的背影，Candace 莫名的就是不甘心。

●●●●●●●●

信箱裡擱著一張附近一間四星級酒店月租服務式住宅的宣傳單張，Candace 恍然大悟，這就解決了所有問題了。

「只要住在這裡，就不會有與舊記憶接觸的機會。」

與其說是記憶問題，不如說是信心問題。Seth 想。

「我這邊的租約剛續了呢！還要交租一年。」Seth 說。

「就先去住一個月看看嘛。」

「那一個月之後怎樣？你就跟我分手嗎？做決定前總得想長遠一點。」

「你說一起住，我也想，但這裡總覺得很擠，好像三個人一起住似的……」她答非所問，即是說，明知不可為而為之，擺明著任性。

還沒說到房租的問題了。服務式住宅，可不便宜，兩頭交租，相當吃力。

不過算了，Seth 最後還是選擇了順應 Candace，畢竟這次，他不想因為自己的愛理不理，而失去一個人。

女人都想男友對自己很上心，當她失望透了要走的時候，是非常絕情的。朋友都這樣說。

是因為之前那樣，才學會去愛女人，但這樣的教訓，卻只敢放在自己心裡，不敢跟 Candace 說。

其實沒有過去的他就沒有現在的他，她怎麼不明白？

●●●●●●●

「有河景呢！比想像中棒！」Candace 一臉歡喜地從後擁著 Seth 的腰說。

雖然勉強稱為四星酒店，但有河景是一大賣點，鄰近是個寧靜的住宅區，居民都會過來這間酒店的餐廳消費，所以是間親民的旅館，但因為跟鐵路站有點距離也不在旺區，真正的遊客不多，才走服務式住宅這一招。因為是臨時變陣，裝修算新派，但明顯有點罐頭式的，不會找到任何個人化或藝術性的物品。一開門，已經可以想像同層有無數個一樣的房間，這樣的地方是不太可能產生家的感覺的，不過——

「這正是我想要的！」Candace 說。

因為這房間裡不會有任何他們認識的人出的主意，他們可以慢慢把自己的小主意帶進來，很有新婚新居的感覺。

「只要你開心我就開心了。」Seth 說，她在玻璃窗前吻上他的唇，彷彿要向全世界公告她的幸福。

不知道為什麼，有時女性就會想做這點強人所難的事，想看看新相識的男友有多愛自己，有多願意為自己犧牲，或做不合理的事，才顯得自己值得被人所愛，而且愛得瘋狂。

● ● ● ● ● ● ● ●

「你覺不覺得這個枕頭很不好睡？」住了幾晚之後 Seth 忍不住開口說。

「有嗎？是睡不慣吧？」正在紮頭髮預備回跳舞學校的 Candace 說。「你可以要求啊，軟硬高低都有的。」

「不是軟硬高低的問題。」

「不然是什麼問題？」

Seth 不想說下去，問題是本來的枕頭就是他這輩子睡過最合適的枕頭了，偏偏他卻不能再睡。

Candace 出去了，Seth 本來打算好好看電視度過這個週末的，但他忽然想吃個雪糕，也因為這裡的冰櫃太小沒有買，他翻看了酒店賣的零食價格表，全部都貴得不合理，他差點想回去將家中的零食搬過來。

要不是為了 Candace……

這是什麼？

無意中被他看見 Candace 的衣物送洗單，她前天交給酒店送洗的服務費貴得驚人。

Candace 是個街舞的跳舞老師，出身跟他差不多，並不是特別富裕，而且最近聽說同一幢工廈就開了幾間跳舞學校，競爭相當大，有些月份可能只有幾千元的收入，這筆洗衣費，在 Seth 看來有點不切實際。

「冰箱真的太小了，才買幾個冷凍包回來就滿了啊。」剛回來的 Candace 在冰箱跟前傷腦筋地說。

既然她自己開了頭，正為滿溢的污衣籃傷腦筋的 Seth 才說：

「對了，洗衣的事，你打算怎麼解決？」

「不是有住客洗衣服務嗎？」

「一次半次還可以，你該不會打算一直讓酒店洗吧？太浪費錢了吧。」

「沒所謂吧，其他地方省便行了。」

問題是她根本沒有其他會省吃儉用的地方，不過 Seth 不好說什麼，只好說：「我自己下去自助洗衣店洗。」

「現在嗎？」

「嗯，很快回來。」

「那給我買點吃的啊，跳了幾個小時舞好餓，都沒吃東西。」

「好的，我看到有檔賣布拉腸粉，要吃嗎？」

「真的？太好了，謝謝你留意我喜歡的東西。」

Candace 的笑容很甜美，但不知為何，竟然與 Flora 的笑容重疊在一起。

●●●●●●●●

就在街尾有一間新派的二十四小時自助洗衣店，門面像 Café，放著一張長木椅子，走近一看椅子原來是一個很大的木衣夾。

夜晚十一時，洗衣店比想像中少人，只有一個偷偷用自助洗衣機洗狗用品的婦人，大概有過被罵的經驗，似乎不打算與別人打交道，只默默地背著別人玩手機。

Seth 也玩著手機，不知不覺就來到前度女友 Flora 的 IG 頁。

已經忘了有多久沒去看 Flora 的 IG 了，自從跟 Candace 一起，好像得到了救贖，所以才會義無反顧地對 Candace 這樣好，有求必應……

但是今夜，在這個自己本不應出現的奇怪場所，聽著洗衣機運作的聲響，第一次一邊看她的 IG 卻能感到心境平靜，這就是「過去了」的感覺嗎？

看著 Flora 跟現任男友出雙入對的恩愛照片，雖然仍然會感到不是味兒，但已經沒有之前那麼忿忿不平了。

是因為自己也找到了幸福了吧？如果不能給彼此幸福，放手也許是對的吧？

忽然很想傳一個「嗨」給 Flora，換著之前一定沒有這個勇氣。

但今天忽然覺得有什麼好怕呢？畢竟也曾是同屋共住的人啊，會關心對方也是很正常的吧？

「嗨，許久沒聯絡，最近好嗎？」Seth 傳出私訊。

Flora 很快讀了，以前晚上的這個時間，她總是在他身旁刷手機的。

「嗨，是啊，我也正想跟你打招呼呢。」Flora 說。

聽到她這句，突然覺得豁然開朗。

原來之前以為自己放下了的感覺，並不是真正放下，只是被迫放手而已。

是直至聽到這一句，才覺得心結解開了。

於是兩人簡短聊了幾句，讓 Seth 更加確認自己對她的感情已跟舊朋友沒兩樣了。

咦？他那個麻蕎枕頭怎麼又回來了？

Candace 注意到 Seth 昨夜睡得特別好，沒有再輾轉反側了，以為是他終於習慣了這酒店床，第二朝早待他起床進浴室梳洗時一看，才知他悄悄換了自己的枕頭。

「你什麼時候回過家？」Candace 來到浴室門前問他。

她一直覺得，晨起的男子是最性感的，自己深愛的男人朝早睡眼惺忪，頭髮亂蓬蓬的模樣，會讓人立即想要從後擁緊，可是現在知道他背著她把前度女友的枕頭換過來，完全喚不起那種柔情蜜意。

「昨天回去過，拿了些衣服和書過來。」Seth 若無其事地說。

「還有那個枕頭吧？」

「睡不慣也沒辦法啊。」

「那是不是遲些她的香薰、風筒、熨斗什麼的，都要悄悄搬過來啊？那我們到這裡住還有意義嗎？」Candace 帶點激動地說：「你要慣的不是枕頭，是我啊。」

「你說到哪裡去了？」

「我說的是你的過去，你始終都擺脫不了。」

Seth 終於有點動氣了。「根本就沒有人可以完全擺脫得了，沒有過去哪有今天的我？你要是喜歡我為何不能接納我的一切？」

「藉口，根本就是不想忘記她。」

Seth 似乎不打算道歉，Candace 反而有點後悔衝口而出的這句，她很怕行出這扇門，下次回來時 Seth 已不在。

● ● ● ● ● ● ● ●

「兩口子吵點架不是很正常嗎？不用太過擔心的。」Studio 裡，同樣是跳舞老師的女同事在休息時安慰 Candace。

「喂，這個比賽要組隊參加嗎？」另一位女孩喝著電解質飲料抹著汗，給她們遞上手機。「入圍的話可以組成女子團體，我們幾個都二十尾了，算是最後召集了。」

「我們嗎？真的可以嗎？」

「不參加過怎知道？現在我們自己說自己可不可以都沒什麼意思啊，參加比賽就有個標準了。」

提議的同事年紀最大，Candace 是她們當中最年輕的，她也不太心急，只是朋友們這樣提議，又不好拒絕。

回到酒店，Candace 正猶豫要不要跟 Seth 說起這件事。

幸好 Seth 仍然在酒店房裡，看起來沒事兒似的，小枱子上還放了兩人份的台灣便當盒，鹽酥雞和仙草奶茶都是 Candace 最喜歡的。

「你終於回來啦？餓死了，在等你吃啊。」Seth 說，Candace 只好也若無其事地坐在他身旁。

兩口子開動的時候，Seth 忽然在手機上看到什麼，把手機推過來問她：「你想當偶像？」

Candace 嚇了一跳，一看原來提議參加比賽的女同事出了三人今天合照的帖子，已預先宣佈會參加比賽，真是雄心壯志呢！之前也帶過 Seth 回 Studio，出於禮貌 Seth 都有加其他人的 IG。

「比起當偶像，我有比較務實的考慮罷了。」

「怎麼說？」Seth 一副洗耳恭聽的樣子。

「參加公開比賽可以提升知名度吧？就算沒有勝出，對日後收學生比較有利，畢竟這行競爭日漸激烈起來，這可是不用拜師學藝，看 YouTube 就可以學到所有事的年代啊。」

Seth 點點頭，只思考了很短的時間，便溫柔地微笑著說：「我撐你啊。」

Candace 怔怔地望著他，覺得他真是不可多得的人啊，忽爾感動起來。

之前鬧得有點不愉快的氣氛好像稍為緩解了一點。

但是 Candace 仍然搞不清楚，總覺得欠了一個人道歉，問題是該由誰來說？

●●●●●●●

沒想到比賽首輪的評分導師之一，居然是 Candace 的初戀男友 Marco。

Marco 是個排舞師，在他們相戀時已頗具名氣，如今更加出名了。

「唉呀怎麼是他啦？」知道 Candace 和他戀愛過一年半的女同事說。

「有問題嗎？這一行還有誰比他有資格？」不知情的女同事傻傻地說。

近年 Marco 跟一位女歌手結婚並火速生子，明明是個花花公子的他，近日以好丈夫好爸爸的健康形象接下一支廣告，工作機會也接踵而至。

對於他浪子回頭，跳舞界全行都知道是個天大的玩笑，他這個人怎可能忠貞？

Candace 沒有說話，她只是，更加想要贏了。

贏給這位，教給她畢生受用的東西的前度男友看。

他教她的，不止是舞蹈的基本，也是對表演藝術提升的渴求，YouTube 上外國著名的排舞師像 Tricia Miranda、Keone and Mari、Tim Milgram 都是一出道他就介紹她看了，後來都上了熱搜。

他教她的，還有男人可以有幾渣。

曾經和他在跳舞室日練夜練，一年半的時間，對他來說算長的，雖然從來不曾獲得公開就是了。

但當時相信，他教她的東西，他看出她身上別人沒有的特質，他們兩個人共處的時光中，他都是真心的。

只是後來毫無預警地，有一朝早他把 Candace 留在他家的東西直接開車送了過去，放在她家門口，居然連最後一次上門收拾的機會都不給她，她才學會了一件事——越有才華的男人越自私，才情和體貼，只能二選一。

而她如今選擇了後者，她自覺是成長了吧。

●●●●●●●

「這怎麼回事？這種比賽的第一回合居然還設觀眾席……」在化妝間聽到其他參加者抱怨。

已換好了出場服的 Candace，探頭出去一望，竟然看見 Seth 在席上，還舉起了打氣的燈牌。

「太 sweet 了吧？這回你不戰而贏啦！」朋友笑她。

這個傻瓜！

Candace心裡清楚，願意給這種驚喜的男朋友不多，她真的很感謝。

Candace出場時，和隊友跳出渾身解數，她自認即使在學生面前播出，也絕不失禮的程度。

哪知第一個示意淘汰的評審卻是Marco。

「這位Candace是吧？」

他居然說得好像完全不認識Candace那樣，那一年半的初戀是什麼回事？

「沒有笑容，帶不出歌曲歡樂的氛氛。」就只有這麼一句，他就轉而負評另外兩位隊友了。

最後他還對另一位隊友說：「如果還是想晉級的話，換換隊友比較好啊。」

簡直說得好像換換女友般容易。

但讓Candace不服的，是Marco高高在上地坐在評判席，而Seth只在觀眾席上，傻傻地不知道剛才負評自己女友的男人，是個大混蛋，也許，還以為他的意見很值得一聽呢。

「怎麼可能換隊友，那個神經病。」離開比賽場館的時候，隊友說。

「算了吧，本來就是玩玩的。」

「Candace！」

「你男友來找你了。」

兩個隊友識趣地揮揮手先離開了。

「剛才跳得明明很好，那傢伙到底在說什麼。」

Seth 話未說完，Candace 就擁著他。

「真的這麼累嗎？站都站不穩嗎？」Seth 笑她。

「我們搬回你的家。」Candace 出乎意料地說。

「為什麼？酒店房不住了？」

「每個人都有過去啊。」

這話說得簡單，卻是Candace心如刀割後的領悟。

有些人只是留下了慣用之物，有些人留下的影響卻在骨髓裡，在一呼一吸裡，在整個人生裡。

發生過的，誰又可能完全撇清呢？撇不清，也是成長必須的過程。

或者有一天，可恨的人也終究能變成可懷念的人，但是首先，別讓該愛的人，變成來日的懷念，珍惜現在對自己好的人，才是最重要的。

或者必須帶著那樣的傷害和遺憾，
可能珍惜身邊的人，
才能舔著傷口安靜地度過餘生，
不然那頭心裡的獸，始終會不時出來蠢蠢欲動吧。

森林獨棟小屋

愛爾蘭咖啡

他在沖咖啡，在這大埔墟的小巷子裡，不多人知道有這間一人隱世咖啡攤，連店都稱不上，其實是間咖啡教室，只有一張吧枱前面兩張高腳椅，只有預約的日子才營業。

之前綽臨從沒見過它開門，或許都在她上班的時間開吧！有可能嗎？客人不該都在週末出現嗎？這樣想的她隨即又自嘲，也許是她過慣了上班族的規矩生活吧？據說現在自由業或者只做兼職的人越來越多了。

綽臨家住二樓，房間唯一的窗對著下面的巷子，跟墟市外街的繁忙相比，小巷雖然人流不多，卻算整潔，向來開著一些只做街坊生意的小店，或被附近商店當儲物倉。

有一次，正在窗邊看書的她，聽到樓下有人聲，探頭出去看，原來有個男子正在她家窗口正下方的水泥牆上，用油漆掃畫大型壁畫。

男人沒有發現她，她看了好一陣，穿著白色襯衫的男人，身上穿的不是繪畫用罩衣，而是咖啡師常穿的牛仔布料圍裙，這時她才發現，牆對面原來開了一家小小的咖啡攤。

她不小心掉了書籤下去，是世界文學名著的金屬文字書籤，被擊中的他小小地叫了一聲「吖」，然後往上望。

「不好意思。」她連忙說。

在那一刻，如像牛頓發現跌落的蘋果，她發現了一個無可推翻的事實……

這個男人是她喜歡的類型。

這可不是個容易發現的事情，活了廿幾年，她從未能肯定地說出，自己想找怎樣的對象。

為什麼當他站在眼前，竟然能如此確定呢？

他低頭發現掉落的是書籤，彎腰撿了起來，試著往上遞回給她，但不夠高。

「你下來還給你。」他微笑著說。

連他的笑容都是那麼溫柔，那被額前髮戳著瞇起的眼，笑意直達她心內。

「你在畫什麼？」她問。

「隨便畫點什麼做裝飾，我在這裡對面開店，看到這堵牆空白一片，看著無聊，便想畫點什麼，等工作時看著。」他忽然想到什麼似的，不好意思地問：「會打擾你嗎？」

「不打擾。」

她猶豫著應否把窗簾拉下。

「有空下來喝杯咖啡。」他說。

「是咖啡店？」

「不是，是咖啡教室，沒什麼多，就咖啡豆多。」

他舉起了書籤，示意她有應約的理由。

她只笑笑頷首，沒有明確表示來不來，慢慢把窗簾拉下了。

書桌上，放著她跟未婚夫的合照，是他們唯一的一張合照。

放在這裡，並不是她的意思，而是婚前諮詢師的意見。

她翻出另一張書籤，隨便翻開書的一頁，夾進去。

●●●●●●●●

有幾次走過，都有留意他的壁畫，說隨便畫點什麼美化，原來是個森林呢！夜晚的森林，鬱鬱蒼蒼，隱約看見星空在枝葉間的隙縫後，沒有恐怖只有平靜，巷子變美了，變得有趣。

人生或許都是這樣，生活是忍受，分別只是用什麼去讓人生變得容易忍受一些。

可是綽臨始終沒有鼓起勇氣去取回那一張書籤。

「過多幻想是無益的。」

未婚夫的人生格言，某程度上或許是正確的。

●●●●●●●●

有一天聽到窗外傳來爭吵聲。

與其說是爭吵，不如說是一位大叔在罵人。

「這牆是這幢大廈的公物，你租的是對面的攤子，輪不到你來做什麼美化的！」

那位咖啡男聳聳肩，只一臉無奈。

綽臨認得那位大叔，是大廈唯一的管理員，她忍不住下樓去。

「我就住正樓上，我不覺得有受影響，還覺得畫了漂亮多了呢。」

綽臨平時不是會挺身而出的那種人，但總覺得有責任說句公道話。

管理員聽了是住客，態度稍為友善了一點，但立場沒有軟化。

「還是不行啊，這種事一不離二，有事誰來負責呢……」

「我明天前一定把牆還原給你。」咖啡男微笑著說。

她覺得有點可惜，但也愛莫能助。

「謝謝你幫口。」管理員走後，咖啡男說。「不過既不是自己擁有的東西，即使是美化都不行。」

她點點頭，擁有權這東西似乎是很重要的事，是人是物都一樣。

●●●●●●●●

於是那天她沒有拒絕理由地參觀了他的小店。

「我同意對面要是有畫多好啊。」她坐在高腳椅上，捧著他斟出來的冰滴咖啡說。

「這是最後一天看它了。」他笑笑說。

她注意到這間店的招牌，只有小小的黑底白字掛在牆上，「序中咖啡教室？」

「我的名字，序中。」他略帶靦腆地回答。她點點頭，他才問：「你叫什麼名字？」

「綽臨。」她沒有長久迎向他的目光，四下張望，但攤子小小的，可以看的也不多，就向著街木製的原木吧枱，架子上放著幾個金屬罐子，標示著咖啡豆的產地和烘焙的日期，幾張用木相架鑲起來的證書，還有一些小巧低調卻非常漂亮的玻璃酒瓶，不知有沒有實際用途，其中一個倒轉蓋著一株茱萸玫瑰，然後她察覺到了自己掉在他肩上的書籤，此刻就在一個卡片淺盤裡。她目光又重回序中的目光上。「你說有一對一咖啡班？」

他給她一個手寫牌，字體很美，上面寫著咖啡的名字。

「隨便？」她看了一會，感興趣地抬頭問。

「即是由我決定，選覺得適合你的咖啡去教你。」

「怎可能去了解剛認識的人呢？」她問。

「你相信一見鍾情嗎？」序中忽然問。

一見鍾情，她是相信的。

他的問題，像是某種邀請，某種誘惑。

她點點頭。

「既然能憑一眼愛一個人，怎麼不能一眼懂得一個人呢？」

「那我選這個。」難得地，她變得佻皮，揚眉問：「你認為我適合哪種？」

他想了想，說：「愛爾蘭咖啡吧！你喜歡有故事的東西，我總是看到你在看書，現在人人都在煲劇，你卻還在看書，你從事跟文字相關的工作？」

「不是，我的工作只有數字，我在銀行工作，或許因為本身沒故事，所以需要故事作調劑。」

事實上大學時唸的是文學院，但自從父母離婚，對金錢很沒有安全感之後，隨意申請第一份銀行工取錄了她就一直做到現在。

「怎會沒有故事呢？任何人都有故事的，只視乎你怎麼說。」

她低頭思索著。

「教愛爾蘭咖啡需要時間準備，你明天再來？」

「好啊。」

「要預備故事啊。」他笑笑說。

從來沒有人如此要求她。

「給我預備了什麼故事？」序中在輪流溫著兩個不知用途的玻璃杯，笑著問。

「我想說說我的愛情故事。」綽臨說。

這讓他有點意外，稍稍停下動作。

「我下年結婚了。」她說。

「幾時？」

「二月。」

「即是三個月後。」

她點點頭。「中二時就認識的男孩，現在是個大學講師，沒不良嗜好。」

「那很好。」

她苦笑。「其實，不構成故事。除了……我現在還不確定這事是不是正確的。」

「他太好，就從不知足的那個人角度出發，故事，通常在有缺失的那個人眼裡才成立。」

她怔怔地望著他，像思索他的話，更像是藉著假裝思考，而能盡情望著他。

然後序中開始表演，原來要將威士忌加熱，然後反覆倒進另一個玻璃瓶裡，直至酒精揮發掉，餘下咖啡香，最後跟咖啡混合，加上冰凍的奶泡在頂層。

「據說都柏林的機場裡，有一個酒吧酒保愛上了一位不時出現的空姐，但從未敢說出口，只悄悄在酒單中加入自創的愛爾蘭咖啡，等著空姐發現，但過了許久，她還是沒有發現，知道她最後飛的一次，她終於點了這款咖啡，他知道不會再見到她，在製作時掉了淚，他在杯邊緣抹了一下這滴眼淚，而空姐卻不知道。」

「所以愛爾蘭咖啡是酒還是咖啡？」

「愛爾蘭人說它是酒，三藩市人說它是咖啡。」他說出了故事的後續。「空姐後來回三藩市居住，開了一間咖啡店賣這款咖啡，她的版本很似，但是不同的，因為欠了眼淚，她永遠不知道曾被那個酒保深愛過、等待過。」

「我不喜歡有遺憾的故事。」她咬了咬下唇說。「怎可能忍受沒有結果？」

他把做好的愛爾蘭咖啡放在她面前，咖啡面那層純白色的奶泡很像雪。

他說：「真的嗎？我倒覺得帶著遺憾是挺好的，會永遠記住，記住比擁有更加重要，你說呢？」

她知道，他是不會拿出勇氣撼動什麼的，即使她已經暗示了，自己對結婚有猶豫。

這天，花了整個下午，直至晚上，她還是弄不清做愛爾蘭咖啡的方法。

不管是加熱的溫度，揮發酒精的手技，咖啡與奶泡的比例，看起來都沒有他所做的容易。

「你似乎不是一個很好的老師。」

「是你沒有專心。」

報名學咖啡前她已留下電話號碼，離開之後，她一直等著他打來。

●●●●●●●●

即便在沒有開店的日子，他都有和她在手機上聊天。

有時候，會在店門前放下因為教班而多泡出來的咖啡，叫她想喝就下來自取，但他卻不在。

有時候，她會放下剛看完的書作回禮。

手機聊天從來不缺話題，有時候也會互傳上哪兒吃飯的照片，彼此心裡都清楚，坐在桌子另一頭的也許是另一個人，只是像有共識似地不會去問。

聖誕節的時候，她送上自己佈置的桌上小聖誕樹，他送上一批世界各地的威士忌小酒版作回禮，並在小卡片裡寫著：「小心不要一次過喝掉。」彷彿知道她很可能因為鬱悶而買醉。

那棵聖誕樹他一直放在店門前，即使已過了聖誕節。

在她眼裡，明明近在咫尺，卻又要如此壓抑。

●●●●●●●●

向來都是一個人回答了，另一個人才說另一句，彷彿是一種默契。

「為什麼這個月沒見你下來？辦婚禮很忙？」整整一個星期沒回覆之後，他打破了一路的慣例。

「我去旅行了。」她說。

「預支蜜月？」

「不是，我一個人，去避靜。」

「不想嫁了？」

「不知道，連想或不想，都不知道。」

「你在哪裡？」

簡單的一句，不知為何顯得霸道，或者因為越來越感覺越界了。

「在東日本沿鐵路到處住住。」

她給他傳來照片，是一間位處森林的木小屋，和煦的光線穿過蒼綠的樹梢，看起來相當令人嚮往的隱世秘景。

「就像我畫的畫。」他說。

「你也覺得像吧？」加上笑的emoji。「這裡不遠處本來有火車站，已經荒廢了，目前只有一星期兩班的公車開過來，所以住宿也是以兩程公車往返的班次設計成四天三夜，其餘時間休館。」

「真好，我也想去。」他由衷地說。

「要來嗎？」她問。

他靜了一會沒有回答，好多次反覆嘗試輸入文字，但都沒有立定主意。

最後他問：「那裡現在下雪嗎？」

「有啊，好大的雪，也好美。」她微笑著輸入。

●●●●●●●●

直至在森林小屋見到面以前，誰都說不上這件事會變成怎樣。

他一進門，就緊緊擁抱住她。

他肩上有雪，她額頭抵住他肩膊的高度，他臂膀擁抱的力度，他呼吸的節奏和一起心跳的感覺，一切都是她所想像過百遍千遍的。

或許越多層的厚厚衣服，越讓他們發現對彼此的渴求。

他笑著吻了她，許多事情不言而喻。

「這裡難找嗎？」

「比想像中難找，GPS 似乎定點在錯誤的位置。」

「他們似乎都不打算糾正。」

「難道作為某種考驗嗎？」他苦笑。

「有想過放棄嗎？」

「沒有，似乎已經沒法回頭。」

她為這句而感動，有種感覺是她一直在等這一句。

「我每分每秒都在想著你，」她說出口自己也吃一驚，但他堅定的眼神讓她無所顧慮。「不讓自己靠你太近。」

「我有女朋友了。」他這樣說，奇怪地竟然一點也不受傷，事情明朗起來，反而讓她安心。

「她在哪裡？」

「她在三藩市。」

「你的愛爾蘭咖啡故事也是她告訴你的？」她悽然問。

他無語。

●●●●●●●●

「我們出去看星星。」到了晚上，她說。

小木屋是間妥善管理的旅館，在這範圍一共有七間，每一間都隔著距離，刻意被樹遮擋著，既有酒店級的服務，又保持著私隱，也幾乎沒有光害。

沿著小徑走，雖然四下無人，但牽著手，感覺無比安全，從來沒有和誰牽手能給她這個感覺。

後面有人輕敲鈴，想必是那個年輕的侍者阿部，送上了燒烤肉的套餐，果不其然，沒多久，一縷炊煙升起，想必是火已生好了，然後再次傳來清脆的鈴聲，侍者已經悄然離開，叮囑他們回來。

序中和綽臨沿著微微上斜的小山坡來到較高、視野較開闊的地方，明明越高的地方越應該有樹，這個位置是故意清空出來讓人看星的吧？卻巧妙地不讓人覺得有人工的成分，一切都來得那麼自然。

「越發像你畫在我家下面的那幅畫了。」她說。

「彷彿冥冥中註定了一樣。」

這裡滿天星斗，但風也很大。序中把外套被在綽臨身上，綽臨的心是甜蜜的，但序中卻說：「小心著涼了，他不再讓你這樣出門旅行。」

綽臨不解，他這樣說是想和她有之後，但卻不打算改變她要結婚的決定？

●●●●●●●●

烤肉在烤板上滋滋作響，豐富的上等肉食和新鮮的蔬菜鋪滿烤板，披著披肩的綽臨，不時慢慢地翻動著食物。

就像兩個人是熟悉彼此的情侶一樣，也不急著說話。

他起身，在地上撿了一塊樹葉，回來坐下，一臉頑皮地望著她，放在嘴唇邊，居然能吹出歌來。

「Truly, madly, deeply。」她說。

他閃過高興她懂的欣喜。

「你都這樣用樹葉討好女孩子嗎？」

「小時候太無聊了，就愛研究這些。」

她若有所思地想了一會。「我知道了你一些，卻永遠不會知道你的另一些。」

「這樣不是挺好嗎？」他望進她眼內。「你負責幫我記住這些，可能遲些連我自己都會忘掉的細節。」

每一段短暫登場的愛情，難道就為了這個？

「那這就是我們的歌。」她說。

「我們的歌，真好啊。」他也彷彿細味著這一句。

只有一首歌讓人記得的樂團，跟只有幾天卻永誌難忘的戀情，都不能說沒有意義。

就算這段感情最後什麼都沒落下，至少還有一首「我們的歌」。

●●●●●●●●

「我一直知道你會有女朋友。」

在床上相擁，深情對望的片刻，她咬了他的鼻尖一下後，悻悻然說。

「你也有男朋友啊。」

「是的，但我就是想跟你一起，兩個月也好，兩星期也好，兩日也好，兩小時也好。」

她知道這樣說會讓男人驕傲，但既然沒有未來，又何須計較卑微。

「那是因為你快要結婚了，才顯得我好。」

洗了澡回來，正想坐在他身邊用風筒吹頭，他把風筒拿了過去，熟練地替她吹乾頭髮，那撥弄頭髮的力度剛剛好，很溫柔，暖風的距離烤得人很舒服。

「你都這樣幫女朋友吹頭的嗎？」

「沒有，第一次這樣做。」

「我才不信呢！」

她一笑，然後又問：「你會覺得內疚嗎？」

「你是屬於他的，但你要的人是我。」

要有兩種，是想要還是需要？她一直在思考著這件事。

「我們這樣不會傷到任何人嗎？」她轉過身，把頭靠在他胸口問。

「我們是暫借的，你是要還的。」他望著她眼睛，輕撫她的頭髮。

「要還的，就不是偷嗎？」

●●●●●●●●

別館那邊有一間少少的咖啡室，送烤肉來的侍者阿部也在那邊待著，滿足客人的各種要求，阿部既是旅館經理、觀光嚮導、冬天時的滑雪教練，也是咖啡廳的侍應，也負責雜誌書籍的佈置，甚至只是陪客人聊天。

當阿部知道序中開咖啡教室，提到序中和綽臨的戀情因愛爾蘭咖啡開始，很好奇地向他求教。

他邀請序中進到內裡的廚房，意外地有很齊備的工具。

於是序中便示範起來，並以英語夾雜有限度的日語講解起來。

綽臨看著兩個男人互動，覺得相當有趣，很為自己的男人驕傲。

雖然這驕傲只停留在這裡，但已夠她回味一輩子，忽然有這樣的直覺。
所有事都以回味為依歸的戀情，當下的心情卻是如此濃厚而激烈。
有一位老先生一直在角落翻雜誌，原來他有留意序中教授的過程。
第二天，他托阿部來問，序中願不願意也教他。
於是序中好像把他的咖啡教室擴展到這裡了，在這遙遠遍僻的森林小屋裡。
有一種錯覺，也許這是他可以做一輩子的工作，和她一起，兩個人雙宿雙棲。
當然那只是幻想。

●●●●●●●●

日本老先生能說不錯的英語，他原來是大學教授，和妻子婚後每年都會找一個森林度假，妻子正在門庭外寫生。
「我覺得在這裡開班的主意真不錯。」綽臨帶言外之意地對序中說。

「這裡居然有愛爾蘭出產的威士忌。」序中卻只是向在場的阿部和老先生說。

「一定要是愛爾蘭？蘇格蘭的威士忌不是更出名？」老先生問他。

「愛爾蘭威士忌，比蘇格蘭要醇厚一點，酒精揮發後，跟咖啡最配。」

老先生沖好的愛爾蘭咖啡，相當有風度地請綽臨品嚐。

太燙了，綽臨幾乎燙到嘴。

「小心冰凍的奶泡層過後，是熱得發燙的咖啡。」序中卻乘機教導。「愛情是要慢嚐的。」

「可是已經沒有時間了。」綽臨卻小聲用廣東話說。

序中知道她說的是她和他。

老先生感慨地說：「咖啡和酒，是最奇怪的配搭，到底想要清醒還是要醉，人竟然這麼難抉擇。」

「人生的痛苦是不斷想要兩者兼得，卻誤以為這樣才快樂。」阿部說。

最後一天的早上，阿部送來早餐之後，對序中說：「希望之後還能接待你，讓住客一睹你的技術。」

綽臨好想提出，他們可以仿傚老先生夫婦，每年都到這裡來。

可是序中或者不願意和她分擔這個婚後出軌的罪名。

還是，序中會在最後關頭叫她不要結婚？

序中應阿部的邀請，去辦公室交流咖啡豆的意見，作為招待的答謝。

綽臨一個人悄悄翻他隨行背包裡的手帳，看到有去美國三藩市的機票，在一個月後。

她明白到，序中遲早也會回到女朋友那裡吧。

現在才發現，是那麼渴望他來留住自己，做出這麼不同尋常的舉動，只想一輩子試一次，被毫無道理地愛一回。

最悲哀的是，他從來沒有問過她，為什麼不能夠離開未婚夫，因為他也不曾想過要她離開他。

綽約留下了紙條，一個人離開了酒店。

●●●●●●●

沒有人知道她是怎樣離開的，每週兩班的公車上並沒有她的蹤影。

序中回到房間，背包上放著她用旅館便條紙寫的短箋。

「有時人到底是想尋開心，還是尋傷心，都傻傻地分不清。

我不想取消婚禮，是因為找不到傷害那個人的理由。

我現在找到了，但這個理由卻在傷害我。

你是那個理由，你也是那個傷害我的人。

或者必須帶著那樣的傷害和遺憾，可能珍惜身邊的人，才能舔著傷口安靜地度過餘生，不然那頭心裡的獸，始終會不時出來蠢蠢欲動吧。

不用找我。我不想驚動警察，讓別人知道我和你一起過。」

●●●●●●●●

「她獨個兒走了。」序中讀完短箋，告訴陪他一起回房、準備為他倆送行的阿部。

「不坐公車走？」阿部思索了一會：「雖然可以叫計程車，但通常都經旅館叫車，而且也沒有計程車來過附近。」

序中憂心地問：「這樣讓她自己走，會有危險嗎？」

「治安倒是沒問題的，只是人在森林中難免會有迷路的機會，要一起去搜索一下嗎？」

「好。」

序中和阿部以及另外兩個叫過來幫忙的人，分頭在森林的四個方向去找，但是找了整個下午，仍然沒有所獲。

序中掙扎了許久，最後並沒有報警，畢竟即將結婚的她，顧慮的事情很多。

回程的航班上，並沒有她坐在旁。

●●●●●●●●

回到香港兩週了，看了看手機上的日期，今天是綽臨原定的結婚日。序中想。

她今天是嫁人了嗎？還是仍然在那個森林中迷失？

回想那森林中的小屋，一切都像夢一樣。

其實序中也沒有那麼擅長即興式戀愛。

只是他的女友總是覺得他不夠好，從來不曾被人這樣激烈地愛著。

●●●●●●●●

再次回咖啡教室時，看到對面住宅大廈管理員的頭從窗前探出來。

序中連忙抬頭叫住他。

「請問住在這裡的小姐在嗎？」

「我不清楚，只是聽業主說退租了。」

「她……沒事嗎？」序中忍不住問。

「我怎麼知道呢？我只是個管理員罷了。」

到底想要清醒還是要醉，
人竟然這麼難抉擇。
人生的痛苦是不斷想要兩者兼得，
卻誤以為這樣才快樂。

行李最後在我們動身出發去波圖前一天
就送回旅館了，不過已教我知道，
對我來說最重要的東西已在我身邊，
就是我的丈夫。

波圖古蹟酒店

Love Dream

火車開進波圖火車站，丈夫跟在我後面低頭用手機，我一如過去每一站，總是拿著相機一馬當先四處拍照。

「好了，司機聯絡上了，他已在外面等我們。」丈夫抬頭微笑，收起手機，看來他對自己的安排很滿意。

「司機？」我很意外，「你不是說我們訂不到好酒店，現在的小旅館還得坐公車去？」

「到了酒店，你再看看吧。」

步出火車站，停車坪上，一位打扮整齊樸實的棕髮中年男子舉起卡紙等待著我們，他身後有一輛新淨的白色私家車，那白色加上耀眼的陽光讓一切看起來閃閃發亮。

我回頭看了丈夫一眼，他露出給了我驚喜的表情，我忍住不稱讚他。

「每次能接載旅客從車站出來最棒了，你看看左手邊，可以從這個山上的角度看我們杜羅河的景色，還有我們已納入世界文化遺產的的舊城區。」

穿過一些民居之間的路段後，車子沿著山路駛向蓋亞新城區，沿路可以俯瞰杜羅河谷，我們正是為了波圖的舊城區而來。司機閒熟地開著車傾囊說出準備好的導遊式對白，感覺像是到了某個位置就自動跳到相同的題目，已經說過上百遍也說不定，但仍然充滿熱心和驕傲。

「你們可知葡萄牙的國名 Portugal 就是源自 Porto 和 Gaia？就是波圖的舊城和新城區，所以如果只去里斯本就說來了葡萄牙是不行的，看！這裡！」

這時他一雙手離開了方向盤，沿著他手指的方向，我們發現像粉色積木玩具屋的里貝拉河濱區已在眼前展開，我忍不住坐直了身子，這時我才想起剛才上車時為什麼司機堅持要我坐在左邊，原來是女士優先的觀景好位置，我回頭看車內另外的兩個男人，像個被寵的小女孩一樣終於笑起來。「實在太美了。」我說。

「還沒到最美的地方呢。」司機賣關子說。「你們既然住在新城區，一會兒可以坐吊車到山上的酒莊品嚐這裡獨特的Port酒。」

「我們住在新城區？」我轉頭問丈夫，丈夫苦笑著。

「我說溜了嘴嗎？」司機問。

「沒事，反正她很快要知道了。」

「那麼漂亮的歷史建築，不然還要住在哪裡呢？」

這下更加令我好奇了。

一下車，已聽到街頭演奏，在這裡聽見的Fado好像沒別處聽的那麼感傷。筆直的海濱區上，看見彈結他的人，他果然臉帶微笑，身子隨節奏輕鬆地搖擺著。沿岸都是餐廳、酒吧和小店，海面泊著葡萄牙平底木船，天色非常好，整個舊城區出現在我眼前，像一種各塔樓都按自己意願建設起來的巨大城堡。我有一點嚇倒了，怎可能有這麼美麗的地方。

「這裡就是你們的酒店，很高興送你們到這裡。」司機替我們卸下了行李。「希望你們會喜歡波圖。」

「這裡！我記得這間。」我一看旅館的外牆就記得了，這是一幢翻新的古蹟酒店，只有三層樓高，不出十間客房。入口就在兩間餐廳中間，不明顯，不招搖，但我喜歡這種低調閒靜的氣氛，三樓有露台的特大套房極為難約，我曾經想過訂房但訂不上，我望著我先生在櫃台前辦入住手續，小聲問他：「你不要告訴我……」

「這是你們的鎖匙，這是我們最受歡迎的房間。」坐櫃台的女士自豪地對我們說。

「我每天都留意房間有沒有出租，也跟他們電郵聯絡，一有人取消預約，他們就通知我直接訂房了，甚至還沒上系統，你沒發現我們的行程都是為了入住這裡而設計的嗎？」丈夫像解謎一樣笑瞇瞇對我揭露他的整個苦心，像等著我讚美的小孩。

怪不得他忽然說機票被改時間，又更改行程，把不順路的地點先去了，原來都是為了這裡。

很值得，當我開門，拉開陽台的木門，忍不住這樣想。

房間固然空間寬廣，雙人床與窗邊的梳妝枱之間的距離闊得可以二人共舞，浴室有新穎的衛浴設備，鋪上經典的葡萄牙阿茲勒赫瓷磚，最重要是每一扇落地窗都正對著杜羅河對岸的舊城區，依山而建的粉色系房子跟酒店房內白色的主色調形成對比，有一種夢似的氣氛，窗外正飄進河風，略帶烤沙丁魚和麵包的香味，雙人床看起來很舒服，讓人憧憬在這裡吃早餐。

「你撒謊！你說波圖所有酒店房都滿了，只找到一間破破落落的，還說到埗如果真的受不了，就邊逛邊找落腳點，或者多點外出，少點待在房裡就好。你說得我好擔心，差點不想離開里斯本。」

「嘻嘻，那不是謊言，是個玩笑。」

「那麼無論是謊言還是玩笑，我都喜歡。」我熱烈地擁抱著我的丈夫。

● ● ● ● ● ● ● ●

事實上，我需要這趟旅程，去讓我重新記起婚姻可以是浪漫的。

結婚三年了，我從來不在人前稱他老公，每次提起他，都會說「我的男朋友怎樣怎樣」，這樣說的時候有一點心虛，但又覺得自己比別人酷，因為不在乎這些。

起初他說他不介意，但他嘗試過稱我為女朋友，卻覺得怪怪的，「好像對自己的誓言不認真。」他說，我對此很感動，但仍然無改我這個彆扭的做法。

後來他終於忍不住問我為什麼，我說我真的很怕那種結了婚便再沒有愛情的感覺。

然後他便提議去旅行。

現在站在波圖歷史建築改建的酒店裡，我更加深明白自己跟他相比才是最不浪漫的一個。

因為步入三十歲了，難得身邊有個人，再不抓住、被人搶了就不妙了……當初有這一類想法，其實像是買個保險似的。

●●●●●●●

第二天一早，我們晃進對岸的舊城區，「這裡很多個『最美』啊！最美書店和最美咖啡廳也在這裡。」丈夫看著旅遊指南說。到現在他還是喜歡老派一點的旅行，翻著旅遊書去旅行，不知為什麼，每次旅行時看見男友翻著旅遊書走在我前頭，我都會怦然心動，或許是因為深心裡想找到能帶領我、讓我依靠的人吧。

離開被稱為最美書店的萊羅書店，我們手牽著手，晃了去 Majestic Café，這間有最美餐廳的名堂，即使是平日的下午，餐廳中央也有鋼琴師在彈奏。正當我在抬頭欣賞餐廳古典雅緻的佈景，和品嚐比外面貴三倍的咖啡時，在鋼琴的另一邊，一個熟悉的身影映進我眼簾。

我會發現他，除了因為他也看似香港人之外，是他也在低頭看著一本旅遊書。

仔細一看，我認識這個人，只是他那本來就過早出現的白髮，現在又再多了一點，不過他是屬於長了白髮更好看的類型，沒錯，他是我多年前的男朋友M，而他身邊沒有人。

「居然逛書店都要買票入場，不過也是值得的，雖說是《哈利波特》的靈感來源，不過作者本人都已經否認了不是嗎？反而這間咖啡店，作者本人承認了來過幾次寫書呢……」丈夫一邊翻看剛才拍下的照片一邊說著，我只是唯唯諾諾地應著他。

這時M已經抬起了頭，起初他也只是看著彈鋼琴的人，沒多久，終於跟我的眼神對上了。

然後我們便隔著鋼琴師無言地凝望著彼此，我們臉上都帶著淡淡的笑意，在別人眼中我們只是醉心在鋼琴師的音樂當中吧，沒有人想過開口打招呼，或者站起來走到對方跟前，鋼琴師當時彈著的是Liszt的〈Love Dream〉，是的，在波圖一切看來、聽來、感覺起來都像個夢。

而更像夢的是，那天凌晨，我收到M傳來的手機短訊。

而我們已經有八年沒交換過任何訊息了。

●●●●●●●

那晚丈夫說好像有點累，他可能是早幾天被我傳染感冒了。遺憾的是帶來的藥已經吃完了，只好著他喝過檸檬水後早點上床睡。

一星期前剛到埗里斯本，是晚上十點去到機場，一心想著到旅館睡個好覺，在行李輸送帶上卻等到最後都等不到我的行李。

「他叫我們去報失。」丈夫去問人之後無奈地告訴我。

報失處人人都怨聲載道，本來去旅行滿心歡喜的心情頓變得淒涼。丈夫一直安撫我，我需要知道行李到底是在轉機時弄丟了還是沒隨我們上機。

等了一小時，丈夫替我填了一大堆文件，最後我獲發一袋道歉心意包，裡面有簡單的衛浴用品、睡衣一套，叫我簽收的櫃台職員雖口頭上說抱歉但看樣子完全不感抱歉，好像這是常有的事。查看行李的位置，說是根本沒有出發，因為不知名的原因，行李目前還在香港，而我們已輾轉飛了十五六小時。

「笨死了！我看機場 check in 時那空少的表情就知道會出事，他完全心不在焉。」

「算了，還有我的行李，我們早點去旅館投宿，早點休息吧。」丈夫安慰我說。

●●●●●●●

一想到原先計劃的事情全泡湯，那一晚我便開始發燒生病。

「早跟你說放鬆心情的，好好睡一覺吧！我會幫你催促航空公司的。」

丈夫遞上水和藥給躺在床上的我，著我吃完後替我蓋好被子，溫柔地說。

「要是去波圖前沒把行李送回來，他們不可能送到去波圖那麼遠的。」我擔憂地說。

「我會讓他們保證在我們動身前要送到來。」

「可是明天的行程怎樣？我挑的衣服一件都沒了，還有化妝品、隱形眼鏡、電髮夾……」

「你怎麼還想著這些呢？」他充滿愛憐地笑我：「明天我們在城裡隨便逛隨便買，你要什麼就買什麼，好不好？」

我頂著發熱的腦袋，稍為想像一下，已經覺得很開心，綳緊的心才鬆弛下來。

睡到半夜，隱約聽見他在講電話，可以想像，跟航空公司聯絡絕對不是件輕鬆的事，他可是跟我一樣，坐了十六個小時飛機呢，而且他是那種坐飛機睡不著的人，但到埗後還要如此照顧生病的我。

在病榻中，我知道自己沒有嫁錯人。

行李最後在我們動身出發去波圖前一天就送回旅館了，不過已教我知道，對我來說最重要的東西已在我身邊，就是我的丈夫。

● ● ● ● ● ● ● ●

「Hi，說許久不見也許不對，今早才在咖啡廳見過。」M在深夜的手機上直率地說。

我拿起了手機，躲進浴室裡，那個鋪了青花磚的浴室，空間大得連打字都有回聲，又或者那是我心的回聲。

「可是你沒有跟我打招呼。」我說。

「不想打擾你。」

「撒謊，因為你還沒有立定主意。」

「你真了解我。打擾你嗎？這個時間。」

「沒問題，睡不著，也許是太累了的緣故。」

「你旁邊那位是你丈夫嗎？」

「你知道我結了婚？」我有點意外，還是我們發放著那個氛圍？

「聽說了。你們很相襯。」

「多謝。」我還能說什麼？

「他不介意我們聊天？」

「他睡了。我躲在浴室裡。」

M傳來一笑。是有點荒誕的，我也一笑，只是他不知道。

「你怎會來旅行？還要是葡萄牙？你連澳門都不肯陪我去。」我問。

M不肯陪我去旅行，這是我當年耿耿於懷的一件事。

不要以為他是那種足不出戶的宅男，他每個月出差公幹幾次，坐飛機坐到厭了，而且他也看不起那些做指定動作的旅行。

「記得，為了報復我，你去了當空姐。」

「只當了半年，玩玩罷了。」

「你真是個很有趣的女人。」

我很久沒有覺得自己有趣了，那些年，很瘋，很陌生的自己，令人回味。

「你知道我以前很自負。」他說。

「知道，何止自負，簡直恃才傲物又憤世嫉俗。」

「現在我想，如果做一點點平凡的事另一半就會開心，為什麼不可以做？不是每一件事都要用來證明我很特別的。」

我有點意外他終於提起了另一半。

「你懂得了愛人呢。」我說，著實有點感慨。

「我沒想過她那麼早離開，那麼突然。是交通意外。」

●●●●●●●●

M來樓下喚我，叫我陪他在河畔走一會。那是一小時後的事，時間是凌晨十二點半。他剛喪偶，找不到不陪他的理由。雖然老公就抱恙睡在床上，要解釋起來有點複雜，但反正我也睡不著。

M問我住哪間酒店，並說過來找我的時候，我沒有答應他，也沒有拒絕他，他就下線了。

拉開露台的門，風立即吹進來，幸好窗簾厚重，不為所動，揚起的只有我的髮。我回頭看熟睡中的丈夫，心想只是睡不著下去河邊散散步也沒什麼大不了，如果丈夫忽然醒來發現我跟誰一起，也可以說是中途碰見的。隨即又怪責自己怎麼要想這些。

還沒決定個說法前，M就到了，他坐的計程車停在昨天我們早上下車的位置，他一下車就看見站在陽台的我。而我甚至還沒有化妝、沒有更衣，只披了一件薄的喀什米爾毛衣在肩頭。

「嗨。」他只是嘴唇動了一下，樓下雖然沒有早上熱鬧，但還有一兩間酒吧在營業，可能他不想驚動的是房間裡的我的丈夫。

最終我還是決定下樓，不想顯得在乎，只穿上一件襯衣和牛仔褲便出門。

●●●●●●●

和M一起那一年，我第一份工在大學工作，住在教職員宿舍，我和他是在一個研討會上認識，雖然我是主辦單位，我卻溜出來和他在外面聊天，更取笑裡面的講者沉悶。那之後他便常常約我去街，而我最愛他的一點是，他會山長水遠來大學找我，只為了接我出門，我很喜歡把頭探出窗就見到有人在下面等我的感覺。

他不算我的初戀，但卻是我出來做事後的第一個男朋友，對女人來說，我想是有「女孩的初戀」和「女人的初戀」之分，兩者的分別是，自己更有女人的自覺，並不單單因為好奇就去戀愛，在這層意義上，我認為他是我的「女人的初戀」，這種初戀仍然非常深刻，而且會在骨子裡改變一個人。

●●●●●●●●

「我們是從里斯本出發的，本來以為已夠喜歡里斯本了，但相比之下里斯本的景色是沉靜而溫柔的，波圖的景色是衝擊而令人暈眩的。」我說。

跟他肩並肩走在寧靜的杜羅河畔，空氣微涼，對面的舊城區雖然仍有燈光，但正在沉沉睡去似的，要非常留神才注意到車子和人的流動。

M沒有答話，只是帶笑地望著我，但那笑容中，又隱含著苦澀，忽然有一種感覺，我在這裡是緩解不到他的悲傷的，但人在悲傷中時是很絕望的，什麼都好歹一試。

「我記得她說這裡有間哈利波特書店，我就過來看看。」他盡力說得輕描淡寫，還帶著笑意，似想證明自己看得開。

「哦，萊羅書店，我和老公有去啊。」他好像聽不慣我提起我的老公，我又何嘗慣？但我忽然發現這樣稱呼我的老公也不錯。

「我記得我們分手時你說你想要的是一個比我成熟的女人，不要小女孩。」我笑笑，續說：「哈利波特啊？」

「是啊，誰知道呢？雖然她比你大幾年，不過內心比你還要小女孩。」他聳聳肩，懷念一個人的眼神。

「你還好嗎？」我不得不說：「發生那種事，我很遺憾。」

「我都在思考人生的事。」M望著對面河岸，然後又望向我。「畢竟我還活著，總得有個說法，是吧？」

我緩緩點點頭，雖然不太清楚他的意思。

「只要有不斷追逐的東西，人就會不自由，錢、like數、得不到的愛情，都是同一回事吧。」

他會思想這種事，不知道算是從傷痛中抽離出來，還是鑽了進去？

他指了指對岸那排糖果色房子。

「聽說對面這海岸，雖然是黃金地段，卻有一條法例定明租金不可以加，到現在都還是只是大概一百元。」

「是嗎？」我有點感興趣。

「只有一個理由可以做到，就是不愛錢。」他笑笑。「總有一個地方是可以讓人不愛錢的，但香港並不是這樣的地方，有錢沒錢，生活可以大大不同。」

「我同意，這次旅程花了多少錢我都不敢算。」我也笑笑，雖然不知是否適合。我想到的是前幾天跟老公去購物街任性消費的景象。

忽然間有點想老公了，不知他有沒有醒過來，有沒有需要找我，或者需要我給他遞杯水？不見了我，不知會否擔心。

「不過當你明白失去了所愛的人的時候，其實有錢沒錢，都是一樣的，沒有什麼不同。」M唏噓地說。

「你以前一定不會想這種事。」我說。

「是的，我就是那種不斷向前衝的人。」他遺憾地說：「我想得太少，辜負得她太多。」

「至少可以讓你來到這裡，碰到我。」聽到他說自己辜負了一個女人，我惟有替自己打圓場說。

他點點頭，一笑，算是領了情。「不過我來這裡花費不多，我一路坐火車過來的。」

「什麼？你？」這又是另一件意想不到的事，以前的他哪會捱得了火車，坐飛機公司沒買 business class 還要爭取回來呢。「怪不得。」我望著他那粗糙得多了的臉，和磨壞了的牛仔褲，忽然明白是什麼一回事。

「怪不得我這麼殘，是吧？」他自嘲地說：「畢竟四十五歲才做背包客……不容易。」

「在火車上都在幹什麼？」我問他。很難想像像他那麼分秒必爭的人會這樣使用時間。

「有時讀讀黑格爾。」

「你會不會有點抑鬱？」我一聽，笑他。

「也許。」他苦笑。

「你最好不要看太多哲學，尤其在這時候。」

「那應該看什麼？」

「宗教？我也不知道，不過很多人都這樣。」我回頭看身後酒店的窗，注意著燈有沒有亮起。

「宗教？」他似乎真的在思索這一可能性。

「聽說哲學問為什麼，宗教問是什麼，或許知道不幸背後的啟示對人是一點安慰。」

他沉默著，我認得這個表情，有點不服，一點倔強。

「對不起，我多事了，或許這世上很多事情沒有什麼啟示。」

「是的，沒有意義，也沒有啟示。」他咬著唇說。過了一會，他問我：「你老公信教？」

「不是，上一位前度是。」

「上一位前度，我們之間已經經歷了這麼多，不經不覺，自己連上一位都不是了。」

人生就是這樣。

末了他說：「我對她不夠好，但如今我希望她是我的最後一位。」

我無語，不知道應該說什麼，應該為這份深情感動？還是該世故地說，人終究會走出來，他還是找個人終老比較好？還是我根本未能了解四十五歲的他說的這句話，是有多了解自己和世情，所以我只能沉默。

那晚杜羅河上的路易一世鐵橋有人在那裡表演花式跳水，似乎是趁入夜為明天的正式表演作練習，我們站在那裡看了好一會。都是些十多歲的少年，赤著上身從高高的橋上直跳入河，有幾次M拍掌吶喊助威，讓這樣的夜顯得沒那麼深沉，不過後來回想總覺得那畫面有幾分乖離，不像現實。

那天天快亮起來時，我才收到老公的電話。

我說我出去買藥給他。「這麼早？不怕太靜嗎？」我說還好，「反正你不會想吃麥當勞。」「啊，你在最美麥當勞那邊？」「嗯，這邊有間藥房廿四小時營業。」

事實上我正和舊日戀人在舊城區的帝國麥當勞吃早餐，這間麥當勞外面有張開翅膀的老鷹高踞門上，裡面有華麗的水晶吊燈跟大型的彩繪玻璃，除此之外就是一般的麥當勞，除了價錢似乎貴了十倍。

「你記得分手時你說要嫁給三十歲時拍拖那個人嗎？」M忽然問我。

「你一定覺得我很孩子氣吧。」

「那是你嫁給這個人的原因嗎？」

「我嫁給他是因為我真的愛他，他也愛我。」

M的神情說不上是相信不相信，但他最後有風度地說：「那就好。」

M從來沒有陪過我吃麥當勞，這樣程度的背叛也許不算太奢侈，讓我對自己的感覺稍為好一點，他也真的陪我買了老公要吃的感冒藥，做夢都沒想到有這一天，我想這就是一切的結束。

●●●●●●●●

了。

「你對我真好。」早上八點回到酒店，丈夫剛洗完澡出來，他看起來沒那麼病懨懨了。

「藥在這裡，要先吃東西嗎？」我問。

這時有人敲門，我們意識到是昨天說好了，早上八點會送早晨過來讓我們在床上進餐的女侍應。

「時間正好。」丈夫說，去開門，兩位穿女僕服的中年女侍應端上木盤子，上面有現烤的麵包、葡撻之類的不知名甜點，還有香腸、火腿、乳酪、橙汁和牛奶。

「太好了，你居然跑去吃麥當勞，我能連你那份都吃得下。」丈夫站在床邊滿意地說。

「你看起來心情很好。」

「沒理由心情不好，在這樣的地方，看著這樣的日出，而你又在身邊。」

我們面對面盤膝坐在柔軟的床上，他告訴我：

「其實是有件事，今早醒來看到舊同學組那裡傳來的訊息，Harper 的丈夫突然心臟病發過身了。」

Harper是他的中學女同學，他一班朋友總是笑他當年追過Harper但失敗，之後多年他們一班同學不論男女一直保持友好，我並不介意，每個人都有自己在意的那些年。

「這麼突然？」

「是啊，才四十出頭。」丈夫深深地凝望住我，伸出手握住我的手，說：「所以洗澡時我就想，我們還在一起不是必然。」

「對啊。」

正如M也在出奇不意的時候失去了他的妻子，我們還在一起沒有受昨晚小小的背叛破壞感情，是多麼驚險的一件事。

簡直比從路易一世鐵橋跳下來更驚險。

「牛角包要熱一熱嗎？那邊有烤箱。」丈夫問我。

「好啊……」

人們口說的浪漫往往有不同的意義，葡萄牙的浪漫對我來說是由兩種浪漫構成的。

一種是存在於幻想中的，一種是存在於現實中的。

一種是現在的，一種是過去的。

一種是在我腦內的，一種是在你腦內的。

我喝著牛奶，望著杜羅河，想起昨晚我和M在月光下散步的身影。

丈夫望著同一條河，他相信他正度過人生中最美好的早上。

我們回憶著不同、想像著不同、相信著不同……但至少我們仍然緊靠在一起，或者這就是婚姻的意義。

我們回憶著不同、
想像著不同、相信著不同……
但至少我們仍然緊靠在一起，
或者這就是婚姻的意義。

當年的表白，事隔多年，會有結果的……

他仍如此相信著。

長洲度假屋

青春記憶

阿初正被兩個女同學拉去超市幫忙買東西去度假屋，女生正在薯片部大手將零食加進購物車的時候，推著購物車的 Maya 收到即將一起去度假屋的同學小牛的電話。

那年雖然手機已普及，但對中學生來說 Maya 有手機算厲害了。

「晞彤的爸爸好像失蹤了，我們還要照原定計劃去度假屋嗎？」小牛一向是班上的傳聲筒，雖是男生卻是女生們的好姐妹。

「失蹤了是什麼意思？」Maya 在電話裡問

「誰失蹤了？」抱著薯片一臉嘴饞相的 Dora 問。

Maya 沒有回答 Dora，只望了阿初一眼，對電話中的小牛說：「但在長洲訂度假屋都不便宜啊！而且阿初都訂了這麼久了，現在才取消他一定會生氣的。」

「喂？幹嗎說到我？」正沒精打采的阿初立即追問：「為什麼要取消？」

Maya 把手機塞向阿初耳朵，小牛剛巧說：「阿初這人不解溫柔，怪不得到現在都沒有女朋友。」

「你說誰了？你自己又有女朋友嗎？」阿初立即反駁小牛。

「唉呀，是你嘛，那麼我們真要繼續去嗎？」

「都在買物資了，到底是誰失蹤了？」

「晞彤的爸爸呀。」

這下阿初被唬到了。「晞彤家出事了？」

「說是離家後一直失去聯絡，晞彤要去找他，所以不會跟我們去度假屋了，叫我們玩得開心些。」Maya 邊把手機搶回來邊說。

「怎可能玩得開心些。」阿初小聲嘀咕。「況且她不來了還有什麼意思。」

Maya 和 Dora 不約而同地出腳踢他。

「現在的女生真是很粗魯啊……」阿初又叫又避，三個人在超市玩作一團，路過的大媽側目，他們才稍為收斂一下。

抱著大包小包離開超市的時候，阿初心裡想，所以晞彤跟她們是不同的。

晞彤皮膚白，一頭烏黑長髮，聲音甜美無比，一聽見她的笑聲心情就會變好，永遠不會見晞彤跟超過兩個女生圍成小圈子，身上也從來不會有公主風的配飾，這些地方也在阿初心裡加分。

聽說晞彤沒有母親，跟父親相依為命，年紀小小就彈得一手好結他，有一次碰見她在校園一角抱著結他好像在作曲，那有個性又沉靜的身影，跟她的甜美形成反差萌。

幸好阿初對結他也略懂一二，故坐下來聊了一會，才知道她也能敲鋼片琴，她沒有心機上音樂課，不過是學校的課程趕不上她的程度而已！晞彤還問他對她寫的幾句歌詞的意見，文字這東西阿初自問不懂分高低，不過覺得連字裡行間的青澀味都很吸引，不知她筆下的感情有沒有特定的對象或只是出於想像。

他直接說他不太懂，本來以為會得罪晞彤，沒想到她好像反而很欣賞，說下次有機會再跟他分享。

那次聊天，更加確認喜歡她的心情。雖然回想加起來對話不夠二十句，但小鹿亂撞的感覺前所未有。

但一直只停留在暗戀，因此更加期待今次的長洲度假屋之旅，晞彤居然答應去，雖然沒有想過要怎樣進一步，但單是想像一下由朝到晚見到她，已讓阿切爽翻天。

沒想到又殺出這一起突發事件來。

●●●●●●●●

「那到底要不要取消？」在巴士上層一人坐在前一排的 Dora 偷吃著果汁橡皮糖，回頭對阿初和 Maya 兩人說。

阿初說：「不行啊，明天入住，今天取消也要付全款。」

「真討厭啊。」Dora 說。

「又是你們說要去試大膽。」阿初說。他們租的是有「自殺勝地」之稱的度假屋。

「是小牛覺得別的度假屋太貴，才用試膽做藉口，他說人多有鬼都不怕。」Dora 說。

「那就照去吧。」Maya說。「我通知大家。」

「早聽說晞彤家爸爸好像有情緒病。」Dora忽然說。

「抑鬱還是躁狂？我隔壁有個躁狂男人天天打我們家的牆，我奇怪他的手怎麼還沒廢掉。」這就是阿初對情緒病的認知了。

「你怎麼知道是手啊？白痴！」Maya嗆白他。

「好像是抑鬱那一類……你說有沒有可能自殺？」Dora睜大了眼睛。「那麼我們正好可以幫她留意一下，我們可是去自殺熱門地點呢。」

「現在已經不一樣了啦！況且一個人要自殺去哪裡都可以，哪裡留意得了？」Maya說。

「別這樣說啦！」阿初低叫，總覺得單是說說對晞彤都太殘忍。

「嘩，看起來不錯啊！」一行七人來到小築，對能獨佔兩層高的度假屋興奮不已。

「你猜我們這一幢有沒有人自殺過？」一心來拍探險片的四眼田拿著他引以為傲的手提攝錄機從入屋開始鏡頭沒停過。

「我完全不想知道！」Maya 呶著嘴說。

「就算有，我們這麼多人，都不怕吧！」小牛嘴上這樣說，但尾音走音了，更像在尋求同伴的肯定。

「喂，廢話少說，快點找找有沒有麻將啦。」小蓮急著說。

本來是四男四女的完美組合，但如今只剩下毫無女人味的 Maya、貪吃的 Dora 和爛賭鬼小蓮，阿初完全找不到焦點。

不過其他男生似乎不是這樣想，在連續十二小時的麻將和搖滾音樂過後，四眼田忽然抓住正在調雞尾酒的阿初，小聲說：「不如你提議去夜探鬼屋？如果忽然有人以為見到什麼尖叫，女生們一定會捉著身邊人的手臂不放，說不定還會給我一個熊抱呢！」

「為什麼要是我？我一點都不想被她們任何一個熊抱。」阿初本來就是因為百無聊賴才去調雞尾酒的。

他一直有借 Maya 的手機留意晞彤的社交帳號，但都不見她有透露找爸爸的進度。

「就是大家都知你喜歡的人沒來，你提議才沒可疑嘛，我只要和議就事成了。」

「你知道哪間死過人嗎？」

「我看到這條 YouTube 片，夜探猛鬼度假屋，這幢好像是幾幢之遙、今天沒出租那一間。」

阿初看了一眼他說的 YouTube 片，當年這個主題非常新穎，他只不以為意地說：「這裡間間都差不多啦。」

「是不是那間根本不重要，只要在適當的時候大叫就有效果了！」

「沒想到你飢渴成這樣。」阿初笑他。他喝了一口自己調的酒，比他所想的嗆喉，他咳了幾聲。

「難道像你這樣佛系？喂，我們現在可是在青春的顛峰啊，不要讓自己後悔。」

「青春的顛峰。」這話更讓阿初爆笑。「你想誰熊抱你？」

「當然最好是小蓮啦，如果是 Maya 都不錯，Dora 就不必了。」

「你這樣說 Dora 會很傷心啊。」

「我管她傷不傷心。」

沒說完已聽到小蓮在大叫：「四眼田你跑廁所多久了？還不回來籌碼要沒收了哦。」

「回來了啊！阿初有個提議，大家來聽聽。」

還沒答應他，四眼田就拉著阿初出去客廳的麻將枱旁。

「什麼建議啊？」小蓮問：「二五雞？台灣牌？降降糊？家家沖？Jackpot？」

看到四眼田那厚厚眼鏡片背後殷切的眼神，阿初惟有硬著頭皮說出違心的話。

「要夜探幽靈嗎？」

「這才是男人嘛！早就等你說了！」Maya 立即把麻將往下一放，拍枱說。

● ● ● ● ● ● ● ●

七個人在一片死寂沒有亮燈的度假屋外面張望，大閘外早已掛上「私人地方，閒雜人等，切勿內進」的告示，還有人在告示上面空白的地方用紅色筆寫了「違者死」的字句，附有紅色掌印一個。

「真的要進去嗎？不太好吧。」阿初說。

「明明是你提議的啊。」小蓮說：「那鋪牌我本來還在叫糊呢！」

「雖然是我提議……」阿初一臉為難。

「那就進去吧，四眼田你的 cam 準備好了嗎？」Maya 霸氣十足地做指揮，突然被點名，四眼田被嚇了一跳，連忙說：「有帶有帶，開著呢！」

「好好的給我拍啊！」Maya 喃喃說：「真想讓不來的那些同學看到……」

阿初知道 Maya 刷盡人情牌，她很想這次畢業度假營成為全班同學的難忘回憶，但最後承諾來的人不足三分一，和她最要好的女同學表示要去瑞士旅行，一副看不起大家只能去長洲的嘴臉，兩個女生還因此決裂。這種女生之間的心病阿初覺得很可惜，他覺得男生之間的友情簡單得多了。

雖然說被封，但其實從窗戶翻進去輕而易舉。明明可以亮燈，就是沒有人這樣做，寧靜的客廳跟他們剛才打麻將的空間幾乎一模一樣，只有一抹月色將一切照得有一種慘淡的白，阿初明知這裡有人自殺是四眼田瞎鬧的，但不知為何心裡仍然有點發毛。他聽到小牛在唸佛經而小蓮則在唸天主經，越往內進，小蓮真的跟四眼田靠得越近，阿初不禁想，如果此刻晞彤也在就好了。

他們在一樓的廚房和浴室並沒發現什麼特別唬人的東西，看得出四眼田想在一面有裂縫的鏡子前做文章，但拿著電筒的小蓮很快就說：「這裡沒什麼特別嘛。」

當看見浴簾是俗氣的豹紋時四眼田指著說：「Cheetah 啊！我不喜歡 cheetah。」

「你說什麼 cheetah 啊？豹紋是 leopard print。」小蓮說。

「Cheetah……cheater 呀！我最瞧不起偷腥出軌的人。」

「你個 gag 好爛！」三個女生一同說。

四眼田對自己的臨場發揮卻相當自滿的樣子。

他們一行人正踏上樓梯往二樓睡房走去時，忽然聽到有人轉動門鎖。

「有人？」好像是 Dora 小聲問，立即被誰噓了一聲。

然後一片寂靜。

進門的人一開門就沉沉地嘆了一口氣，陰影中依稀辨認到是個瘦弱的男人，男人拖著一袋重物進來，似乎環視了四周一眼，完全沒有要開燈的意思，男人拖著那袋東西來到客廳中央，然後又沉沉地嘆了一口氣，氣氛甚為怪異。不為意時，Maya的手原來已緊緊握著阿初的手。阿初叫自己不要太在意，畢竟人害怕了就會隨手捉住身邊的人吧？

那個男人放下重物後又回去屋外，這回拖了一個金屬製的大物品進來，月光下看清楚了，原來是一個炭爐。

●●●●●●●●

「靈魂既視現象！」四眼田忽然小聲瞎扯出這個詞來。

一行人連忙躲在牆後面，小聲交談。

「據說靈魂會回到生前最後的場景，重演當時的畫面！」四眼田說。

他們聽到關窗咯支咯支的聲音。

「但我聞到燒炭味啊，難不成我們已被捲入異世界了嗎？」小牛驚恐地變成女人聲。

「喂喂，不對勁，那個人是不是其實想燒炭啊？」小蓮忽然發現這一點。

阿初連忙把頭伸出去仔細看，他忽然發現一件事：「那個男人，是不是有點像晞彤的爸爸啊？」

「快點阻止他吧！」Maya 說。

「可是現在貿然衝出去，他可能會用其他方法做傻事啊。」

「快點通知晞彤，叫她來勸說吧。」倒是 Maya 冷靜。

「我出去打電話給她，你們不對勁的話就出去制止他。」阿初自告奮勇地說。

這種事情當然由阿初來做，他攤大手掌對 Maya 說：「手機借我！」

他想找個藉口打給晞彤很久，如果能夠找到她的爸爸，她一定會很開心。

「晞彤，你找到爸爸了沒有？」阿初問，晞彤會接聽電話，他很感恩。

「還沒有啊，一點頭緒都沒有。」

「我們今天去度假屋，看到你爸爸……」

「什麼？他在長洲？」

「嗯嗯，他還拖了一大袋炭和炭爐進屋子裡……」

「這個時間都沒有船了，怎麼辦？」這麼一說晞彤整個人亂了起來。

阿初腦裡焦急地想辦法。

「呀，好像有私人的船家可以接送，你即管試試。」

「嗯，好吧，你們快阻止他，我趕來。」

「當然了。」阿初堅定地說：「包在我身上。」很高興能說出這句話，他覺得自己很酷。

「謝謝你告訴我。」晞彤掛線時那溫柔的語氣，讓阿初久久回味，不忍放下手機。

等他回過神來，連忙回去。

此時屋裡的燈已經亮起了，但沒有全亮，恐怕是不想屋主發現有人擅闖。

現在看清楚一點，起碼肯定那個男人是人不是鬼了，不然 Maya 怎可能如此大義凜然地向一個大人說教。

「先生，你這樣闖進人家的地方自殺是很不負責任的啊！有什麼事不能解決呢？你有想過愛你的人嗎？你有妻子女兒吧？你有事他們怎樣啊？」

男人聽到妻子女兒，忽然悲從中來，他突然掩面大叫：「彤彤啊！彤彤啊！」

「果然！」阿初摀了一下手掌心。

「你們還是讓我去死吧！」男人突然激動起來，誓要突破重圍。

「我已經把你的女兒叫來了，你無論如何先等著！」

「什麼？你找她來了？你們認識她？」男人聽到似乎真的暫時抖擻起來。

「她是我們同學啊，從昨天起就一直四出找你！」阿初說。

●●●●●●●●

晞彤來了，沒見過她如此驚惶的樣子，真是我見猶憐。

晞彤幾乎跑過去男人那兒，大叫：「爸爸！」可是還沒靠近，她就感到不對勁，皺著眉對阿初說：「這就是你說找到的人？」

「是……是啊。」阿初這才深知不妙。

「我根本不認識他！他才不是我爸爸！」

「不……不是嗎？可是他看起來很抑鬱，一心來自殺啊……」阿初越描越黑，四眼田放棄拍攝這個父女重逢的畫面，一手摟住阿初的肩，一手掩住他的嘴巴。

「誰說我爸要自殺？他只是離家而已啊！」晞彤生氣地說完，三個女生一哄而上，圍著她安慰她。「害我山長水遠來長洲，根本沒有船，還要坐街渡，原來都是瞎說，這樣騙我好玩嗎？浪費了我找爸爸的時間……」

晞彤嗚嗚的哭起來，阿初沒見過晞彤如此生氣，又如此哀傷的樣子，自責得不知如何收場。

「雖然你不是我的女兒，不過你真的好有孝心。」男人這時開了口，他好像平靜多了。

「你也有女兒？」晞彤抬起淚眼問他。

「如果我死了，不知我女兒會否像你這樣為我哭。」男人續說。

「當然會，我只是找不到爸爸已經心急成這樣了，所以你千萬不要死！」唏彤像宣洩這兩天下來的壓抑，盡情地大叫起來。

「你放心，如果我有像你這樣的女兒，一定不會尋短見。」男人哽咽著說。

突然門口一把男聲響起：「喂！你們幾個做什麼？這裡可是私人地方！」

眾人朝門口一看，似乎是管理員的大叔拿著手電筒照著男人的臉，然後很快照到了那袋炭。

「你不是又想在我這兒自殺吧？」管理員大叔大罵起來，然後他才發現年青人們。

「你們不是今天才租屋的那班中學生嗎？」

「是……是……」被捉住了，大家不知如何反應過來。

而且……

「管理員剛才說……又想在這兒自殺……」四眼田聽出了弦外之意。

「即是這兒真的死過人？」阿初頓感毛骨悚然，連忙環視四周。

「不要怪他們，他們都是想阻止我，才進來的。」沒想到男人願意為了護著他們而撒謊，他們突感一陣人間溫暖，氣氛好像沒那麼可怕了。

「唉，快點給我出來。」管理員態度軟化了，這種事情都不是頭一遭了，他知道來硬的沒有用。「這次我不追究，過來我們去喝個酒聊一聊，別嚇著小孩子。」

●●●●●●●●

「居然說我們是小孩子。」回到他們租住的度假屋，小牛累得一頭栽倒在地上的地鋪上，但仍相當不忿氣地說。

「我們都十七歲啦，哪有這樣容易嚇倒。」四眼田在檢視剛才的拍攝錄像。

三個女生圍著因為沒船走而留了下來過夜的晞彤，安慰著她，晞彤沒有看打電話給她的阿初一眼，只是體力很透支的樣子。

三點了，四個女生在房間裡睡，阿初在客廳一直睡不著，剛才的探險和騷動仍在他內心留下迴響，他相信其他人都一樣。本來是約好了通宵打麻將的，現在居然全都乖乖去睡就是最好的證明，而且晞彤還在擔心著，已經沒有了玩耍的興致。

阿初悄悄起來，坐在屋外的門廊上，一個人喝著啤酒，抬頭看星，不一會，他聽到身後有聲響，以為是小牛或四眼田，回頭一看，竟是晞彤，他連忙坐好。

「你沒睡？」阿初儘量壓低聲線，不想其他人聽見，他們一定出來八卦。

「睡不著，想起剛才那個男人，真有幾分像我爸爸。」晞彤說：「不是我爸爸，不知是好還是不好。」

「很抱歉讓你白跑一趟。」阿初深知說這話很傻，但仍要說：「我只是……很想幫上忙。」

「我知道，要你來玩還掛心我的事，你的心意我很感謝。」晞彤疲憊地微笑。

不知道為什麼，阿初忽然覺得現在不表白，還待何時？

「因為我喜歡你，你的事情沒法不理會。」阿初說。

晞彤那甜美的笑容褪去了，她垂下頭，輕輕踢著腳，然後幽幽地說：

「你不要喜歡我了。」

被拒絕了！應該早料到吧？現在是什麼情況啊？但阿初不後悔，而且晞彤的語氣，也沒有很嫌棄的感覺。

「你可不要以為我爸爸是個愁眉苦臉的人啊！」晞彤說起她掛心的爸爸來。「他本來是很樂天的，很疼我，我們有很多愉快的畫面，這種病，是自己都控制不了的，不知道有沒有遺傳，說不定我也會這樣。」

「怎麼會呢？你是你。」阿初說。

晞彤虛弱地朝他微笑了一下，充滿感謝的眼神，阿初很高興她已不氣他了。

這時她手機響了起來，她一看到號碼連忙焦急地接聽。

「真的？他回來了？沒事吧？那太好了！」

似乎是好消息，她整張臉都亮了起來。

當她掛斷的時候，早已淚盈於睫。

「找到了，爸爸沒事，他回家了……」晞彤壓抑興奮，熱切的目光直望著阿初。

「那太好了！」

也許是太壓抑了，晞彤興奮得一把抱住阿初，把臉埋進他胸膛裡。

雖然只是那麼半分鐘？或者只是十秒鐘？但阿初決定這一輩子都不會忘記這個瞬間。

雖然她再次抬起頭來只是說：「你覺得我現在吵醒 Maya 她們，告訴她們行嗎？」

「我想……她們不會介意的……」阿初捨不得地說。

然後晞彤就若無其事地跑進度假屋裡了。

女生房間的燈亮起，一陣女生的尖叫聲、歡呼聲，隔著可以看見窗簾女生們擁抱的身影，連小牛都進去了，她好像連小牛都抱了一下，阿初的手仍懸在半空，他不斷地思想剛才的擁抱跟女生之間的有沒有不同，那只是一個友情的擁抱嗎？

●●●●●●●●

那之後記得是一個長假期，長假期之後，忽然收到晞彤決定跟爸爸移民加拿大的消息。

「什麼？期末試都不考就走？」阿初追問把消息捎來的小牛。

「聽說他爸爸在加拿大有個姐姐，說趕快轉換環境對心情比較好，碰巧也有工作和學校可以介紹給他們，所以說走就走了。」

「歡送會也不辦一個？」阿初又問，他實在接受不了這突然終止的初戀。

「你知道晞彤啦，很瀟灑的，這種離愁別緒的事，她說最好不要。」

●●●●●●●●

「你記得晞彤嗎？」

事隔多年，阿初忽然從小牛口中聽說。

快將步入三十歲的他們，小牛早已變了大牛，如今他玩健身，還開了自己的健身室，聽到這消息，正是阿初上小牛的健身室時。

「當然記得，她怎麼了？」

「好像下個月回來，Maya 婚禮啊！她回來飲。」

「是啊，她們女生好像一直有聯絡。」阿初不意外：「她結了婚沒有？」

「沒有，好像剛跟男朋友分手。」

「那她會不會回來香港長住？」

「哈哈，你那麼想知道，自己問她吧。」

「真的可以嗎？」不知為何，一聽見晞彤，心情又變回小伙子那樣，忽上忽下。

「Maya又不會表示反對。」

「她當然不會。」

對於Maya，雖然分手了，對她還是很了解。

阿初跟Maya談戀愛，是在升大學後一年，那時候輾轉跟幾個女生拍過拖，但都很短暫，感覺雙方都是為了不想過單身的大學生活而一起，其實並沒有過電的感覺。

反而在二年級時，因為跟Maya修了同一科哲學課而多了時間相處，本來就是老朋友了，相處起來很舒服，而且隔了一陣子沒接觸，再次走近時也有新鮮感，能夠從新的角度去看Maya這個人，其實也有女性化的一面，只是比較爽朗而已。

好像是有一次，因為一起在信和逛街，百無聊賴地看見度假屋的出租廣告，說起幾年前一起租度假屋住的那晚。

「那個男人不知道後來怎樣了？」阿初說。

「整個月都再沒有人自殺的新聞，已經打消了自殺的念頭吧。」Maya 說。

「你有特地留意新聞？」

「當然有呀，希望自己做了好事。」

「那四眼田為了追小蓮的夜探總算功德無量。」

「什麼？原來是他的提議？」

「是啊，他現在不識人啦，YouTube 頻道那麼受歡迎。」

「是啊！誰想到現在是小蓮倒追他，他也不理人。」

「真勵志啊。」

「勵志個屁。」Maya 白了阿初一眼說。

「有女人追自己，多開心啊，我一定會一口答應的。」阿初只是信口開河。

「那麼我追你為什麼沒反應？」Maya這一問讓他嚇了一跳。

「你幾時追過我？」

「我有拖著你的手啊，那晚。」Maya說這話時竟夾雜著前所未有的羞澀。

阿初想起了，原來那迴避不去想的感覺是真實的。

就在那天，阿初和Maya成為了一對，度過了大半年的戀人時光，後來又和平分手。

Maya曾經笑他，這些年都白活了，戀愛智商完全沒有成長過。就是這樣彼此了解、不會客氣的朋友。

到現在Maya即將結婚了，未婚夫是很靠譜的男人，阿初衷心祝福她。

這晚，Maya打視像電話來給阿初：「晞彤說婚宴時想我安排你們一起坐。」Maya人走在鬧市街上，身邊汽車飛馳，她應該剛喝過酒，兩頰緋紅。

「你說什麼？和我？」阿初大為吃驚。

「你願意嗎？」

「你說什麼？當然願意！」

Maya 身邊傳來笑聲，鏡頭轉過去，原來晞彤一直在她身邊。

「Hi，許久不見。」

晞彤對鏡頭揮揮手說。

舊同學們一起去度假屋那年的青春回憶湧進腦裡，內心一陣溫暖。

阿初不禁心中一暖，慶幸這麼多年，仍有彼此的消息，仍保守著共同的回憶。

當年的表白，事隔多年，會有結果的……他仍如此相信著。

看到晞彤此刻甜美可人的笑容，更加有信心了。

你愛的每件事都可能失去，
但最後愛終會以另一種形式回來。

月租公寓

出走旅館時光之沖繩篇

來那霸機場接送汐遙的是一位年輕男子，他替月租公寓的管理公司做接待。

「我也是香港來的，我叫阿谷！」男子完全是一副沖繩男兒的模樣，穿著南國風情的短袖寬大花襯衫，皮膚黝黑，兩側頭髮剃短，頭頂到髮尾編了小辮子，眼神清亮，握手的力度也剛剛好，熟練地把行李拉了過去，也輕鬆地把另一個大行李袋揹到肩上，甩甩頭向汐遙提示走路的方向。

雖然汐遙不是第一次來沖繩，但這次是移居，目的完全不同，心態也完全不同，而且是一個人來，一切都來得戰戰兢兢。雖然她提醒自己，不要圍爐取暖，要突破舒適區，多結識本地人，話雖如此，來接待的是香港人，多少有點莫名的安心感。

即將入住的公寓與國際通僅隔一街。在車上，阿谷開始說起她即將租住的公寓附近有什麼好吃的食堂，樓下就有女孩子最愛打卡的法式可麗餅店，哪裡有便宜但要爭的時租停車場，哪間藥妝店最貴不要買，還有怎樣退稅……

「我不是遊客，也沒有車，所以不是太在意。」汐遙告訴阿谷，他從後視鏡中有點另眼相看地望了她一眼。

「我是來移居的。」

「哦，唸書？」

汐遙笑了：「不是，我沒有那麼年輕，我拿經營管理簽證來的。」

「幾多歲都可以唸書啊，況且我看你就跟我差不多吧。」

汐遙點點頭。看著他的後腦勺，看著他隨音樂微微擺動的肩頭，不禁推敲著這個人的經歷，看起來是無憂無慮的那種人，人生一定跟她很不一樣吧？但最後大家都選擇來沖繩，不知道他所尋找的東西現在已找到了嗎？

「好厲害是老闆娘啊，我就是幾年前來唸書，然後留下來打工的……你做什麼生意？」

汐遙猶疑了一會，有點覺得說了出口或許未必做得到，但她還是決定改變自己這種思慮太多的個性：「申請的時候是說做民宿，不過其實什麼都未決定，簽證獲批時好像夢境一場，到現在仍覺得很不真實。」

「將來要是我掉飯碗了，拜託請我啊！」他當然是開玩笑，也很有香港人的風範。

「難道你租我老闆的月租房就是來偷師嗎？放心，我幫你保守秘密。」

阿谷故作神秘的俏皮表情跟男子氣的外形有著反差萌，將汐遙逗笑了。

「你真的不開車？沒有車牌？」

「有是有，但我不敢開，怕害人。」

阿谷笑了。汐遙從後視鏡看，越發覺得他的笑容好看，有著孩童的純真。

「沒車會很傷腦筋啊！有車牌沒理由不開。」

汐遙還想說什麼，他忽然吖一聲：「到了。」

海水藍色外牆的六層公寓，四樓和六樓是月租房，其餘單位是日租房。阿谷用密碼打開了樓下的信箱，取出鎖匙交給汐遙。汐遙的房間在四樓，她細心地辨識電梯裡的日文字，豎起耳朵聆聽電梯裡的廣播，而阿谷也很識趣地在這些時候閉上嘴巴，給人雖然活潑也很體貼的感覺。每層三個單位，每個單位大約二十平方米，像一般的日本單人房，比起酒店房多了簡約的煮食空間，床頭的牆上掛著兩幅畫寫著「RELAX REFRESH RENEW」，她知道自己正需要這個，另一幅寫著「Love the Life you live」，明明是很罐頭式的裝飾字句，竟也微妙地起了撫慰人心的作用，或許人在低潮看待一切都會不同。她可以做到愛著自己正活著的這個人生嗎？

阿谷教會她各種電器的操作，還提示她手機裝了防災警報。

「謝謝，房間很乾淨，但希望不用住太久吧。」

「找長租房有困難所以才暫住這裡吧？我們很多初來報到的人都找不到保證人。」阿谷以諒解的眼睛望著她，他戴上了鴨舌帽，似乎要走了。

「正是，我一個人也不認識，如果你知道有願意租給外國人的房子，可以介紹我一下嗎？」汐遙問，她決定了，從今起凡事鼓起勇氣吧。

因為已經沒有依靠的人了，也已經厭倦了凡事尋找依靠的自己。

「好啊，我幫你留意一下。」

就那樣送他到門口，忽然間有今後很多事情都交由自己面對的覺悟。

「阿谷。」這是她第一次喚他的名字。

他回過頭來。「嗯？」

「你初來時，往市役所跑，會很難嗎？日語不靈光的話。」

「哦，你說辦在留卡、國民保險那些？」

「是呢。」

「最近市役所那邊好像有翻譯員，不過詳情我要幫你打探一下才知道。」

本來以為只是敷衍之辭，但阿谷卻掏出手機折回來說：「留個電話好嗎？」

「我以為你有我的電話了。」汐遙失笑。

「我只是個跑腿的。」

她在他手機上留下電話和名字。

「女孩子，還是早點安頓在自己真正的家好些，女生都很喜歡佈置吧？我會幫你留意的。」

「你真好人。」

「教你一句沖繩話：いちゃりば ちょーでー，即是『遇見就是兄弟』。」

「你日語一定很好。」

「完全不是呢，不過日語只有半桶水也可以活著的。」他笑笑，走的時候像日本人那樣恭敬地鞠了躬。

●●●●●●●●

當天晚上，阿谷傳了LINE來說，若她要跑市役所的日子，就叫上他好了。「我的好處是面皮夠厚，總有我幫得上忙的地方。」

她忽然想起一件事……

「請問你是收費的嗎？」

「當然不，我怎會這麼市儈，出來要交朋友知道嗎？不要那麼多計算，沖繩這裡的人好純品的。」

然後他們約了在市役所等，位於市中心設計新派的市役所大樓。

汐遙一直覺得自己問阿谷是否收錢做事十分冒犯，怕得罪了人而不自知，因此坐在大樓等叫籌號時，有點不安，而看阿谷好像也沒有第一天那麼親切，不知是否對她的不以為然。

還有原來他一直用手機做日語的翻譯轉換，他皺著眉頭咬著唇，看起來有點傷腦筋，但不是煩惱，而是有點認真。

正想問他到底在翻譯什麼……

到汐遙的號時，阿谷一起來到櫃台前坐下，終於分曉，原來他一直將要對市役所職員說的話先行翻譯，然後逐個字死記背誦。

發現阿谷日語果然只是一般，反而對他的落力幫忙充滿好感，而且阿谷好歹也經歷過這些初來報到的手續程序，什麼需要聽懂、什麼不需要完全聽懂、只需要做做反應，也能適切地給了汐遙指導，整個過程中汐遙越發心生感激。

猛一回神，將所有手續搞定已經快黃昏了。「太幸運了，聽說今天做的事可以耗費幾天呢！今天如果不是有你在，一定不可能這麼順利，一定會聽得我一頭霧水吧！」

二人站在市役所外面，對面是川流不息的市中心百貨前的大馬路。

阿谷也似乎吁了一口氣，笑著說：「幫到忙實在太好了。」

「我可以請你吃晚飯嗎？」汐遙提議。「我們午餐不敢走開都沒有好好吃。」

「好啊好啊。」

「你一定認識一些好吃的店子吧。」

「吃串燒好不好？」

「太好了！」

●●●●●●●●

「你跟我說的那句沖繩話，真有意思。」

擠滿剛下班的人潮的地道攤子很有氣氛，烤肉的香味在眼前飄散，除了肉串燒，也點了沖繩的特產醋水雲、花生豆腐、海葡萄，這下汐遙才終於有了已經來到沖繩的感覺。

「兄弟那句？哈哈，是以前一個好兄弟跟我說的。」阿谷呷了口啤酒，一臉唏噓。

「以前？」

「我有潛水牌，初來是在潛水公司當潛水教練的，但後來受了傷，老闆跟我是好兄弟，我知道如果我留下，他一定不會辭退我，但我卻幫不到他什麼忙，總之我不想他對我有特例，後來遇到現在這個經營旅館的人要請人，就轉工了。」

「跟前老闆還可以是好兄弟嗎？」

「當然，男人的友情最緊要是什麼？」

「是什麼？」她笑了，倒是很想從這麼男子氣的阿谷口中聽到答案。

「不拖不欠。」

汐遙以微微崇拜的眼神點點頭。

「但是……你從此不再潛水了嗎？」

他一定是非常喜歡潛水才會考牌，還為此移居到言語不通的地方，雖然他沒有明言是什麼傷，一定是嚴重到不得不把這熱愛的一切放棄吧？

「每年檢查一次，要等醫生宣判什麼時候才合適，不然，下水也是玩命，也不能這樣子帶客人下水吧。」

阿谷好像不當一回事兒地微笑著說。

「你一定很喜歡海了。」

「我喜歡鯨魚，我第一次來就看見了，很震撼。」阿谷說起這事眼睛散發著光芒。

他續說：「你知嗎？鯨魚這麼大，食道卻很小，連一隻小小的水瀨 BB 吃了都要吐出來，不禁想，造物主這樣不是玩牠嗎？長這麼大的一隻動物，卻只能吃小磷蝦。」

他說到尾的語氣，讓人聯想到，命運不都跟我們開玩笑嗎？讓他懂得了潛水，卻又讓他無了期地等著；命運讓汐遙比別人早找到了可以依靠的對象，才又發現人生還是最好靠自己。

「你是 water people 嗎？」阿谷問。

「我不下水的，我連魚都不敢碰。」

「這樣啊……」

「況且，追鯨真的好嗎？」汐遙喝了點酒，今天跟公共機關人士交手，用腦過度，一點酒就讓她微醺了。「人難道不能任鯨魚獨自存在嗎、非要親眼看見牠不可嗎？」

突然有種不知如何續下去的沉默。

阿谷點點頭，沒有發言，倒是汐遙想說說心底話了。

「希望你不要介意我昨天問你收不收錢，我在香港發生了點事，都變得不信人了。」

「我完全沒放在心上。」他願聞其詳地轉過身來。「什麼事？」

「我的好朋友跟丈夫搭上了，兩個都是我親近了一輩子的人，然後就離婚了。」

他睜大眼睛倒抽了一口氣才說：「沒想到你這麼年輕就結婚了又離婚。」

「嗯，他連對不起都沒有一句，只給我一筆贍養費，算是補償，所以我想用這一點積蓄，在這邊買房子做民宿。」

「我懂了，你要用他給你的東西，開創你自己的人生，做老闆娘。」

在他這樣說以前，汐遙沒這樣想過，她不懂得歸納自己無以名狀的感受。

聽到他這樣說才懂得原來是這麼一回事。不禁佩服他的人生閱歷。

●●●●●●●●

阿谷沒有說的是，他夜裡還在線上跟一位日本女孩洋子學日文。

洋子是阿谷以前做潛水教練時的客人，她本來住在大阪，但之後愛上了沖繩，一直說要搬過來住，她很喜歡廣東話，看過許多港產片，所以和阿谷一見如故，當然背後是因為她喜歡阿谷，但阿谷完全沒有發現。

當她聽說阿谷認識了一個香港女孩，反應很大：「我真的太慢了，居然說了這麼久都未成行，你們香港人真是什麼都快人一步。」

她怕落後於人了，但阿谷完全沒有聽出她的弦外之音，只自顧自地說：「喂喂，你幫我再加堂吧，每晚都幫我補習一小時好嗎？我的日語太遜了，好想她需要時再幫上一點忙。」

「以前做潛水教練時你總是說人與人的溝通靠身體語言就成，沒必要把日語學得太好，現在是想在人家跟前逞威風嗎？」

「怎樣都好啦，反正來了幾年都還是半桶水，我自己也覺得要加把勁了。」

「如果喜歡人家，同聲同氣不是更好嗎？」

「你明明是老師，多少著緊一點吧。」

被阿谷不客氣地這麼一說，洋子轉換成全日語說話，美其名是加強課堂訓練，其實是愛看他一臉困惑的呆相，作為一點小小的報復。

●●●●●●●●

「老闆娘，今天帶你去看房子。」

阿谷今天來到汐遙門前是有點得意的，他可是費了好多功夫才聯絡到這個仲介，雖然不清楚她心目中對民宿有沒有一個想法，但是一聽說她有這個夢想就想出一分力替她達成。

她沒料到他會上來，還架著眼鏡，清淡的日妝和黑白色條紋 Tee、吊帶工人裙的造型，在他眼裡隨性而可愛，忽然間就想喚她老闆娘。

他這樣喚她，她有點不習慣，有點彆扭，雖然也是親切的，也沒叫他別這樣叫。

「我不會那麼快決定的，我自己長住的房子都還沒著落。」

「沒事，就看一下，憧憬一下。」他是想成為與她一起憧憬的人。

房子以前是外國人住的民宅，頭上藍天白雲，外面有綠茵的草坪，只見汐遙四下張望研究著，阿谷心想，原來這個女孩認真起來是這個樣子的。

「真好啊，讓我也來沾了光，我喜歡看房子，但沒有錢買。」阿谷笑著說。

「這間可以做民宿嗎？」汐遙沒有表示喜歡或不喜歡就向仲介先生單刀直入，竟真有幾分老闆娘的風範。

「原來是要做民宿嗎？」仲介有點傷腦筋地翻起手上的文件夾。「這裡目前沒有申請，但可以申請看看。」

「附近有學校嗎？」汐遙又問。

「有的，中小學幼稚園都有。」

「那應該不太可能申請成功的。」她說，沒想到她這麼了解。

雖然沒有談成，但汐遙主動向仲介先生提出感興趣的區域，仲介先生用平板搜尋之後提供了幾間選擇。「太貴了，超出預算了。」「雖然便宜，但這樣的房子缺少吸引力。」她的態度客觀，並不挑剔，仲介先生本來有點不太上心的感覺，但被問得也開始提起勁來。

「遇到好房子請直接跟我聯絡。」最後汐遙用事先練好的日語說，仲介先生連忙說：「一定一定。」

「原來你有備而來。」離開的時候，阿谷對她說。

「我聽說只要嘗試用日語溝通，才會被認真看待。」她說。

「人之常情，就像我跟你也比較同聲同氣。」

正等待著汐遙的回應，此時她卻收到手機訊息，她拿出手機一看，本想要輸入什麼，但又刪掉，然後只把手機握在手上，心不在焉地走著。

「有事嗎？」

「我前夫。」

這話出自她口，到現在還是有點不可置信。不過既然喜歡她就要接受她的過去。

「他煩著你？」

「他問我去了哪裡？我還沒有告訴他。」

「沒必要告訴他吧。」

「真的？」

「要不然等過上好日子才告訴他也不遲。」阿谷其實是隨口說的。

他只是怕被前夫知道她在沖繩，不知會不會過來糾纏。

「怎樣才算好日子？」

「當了真正的老闆娘，或者找到男朋友？」阿谷輕描淡寫地說。

「嗯，也對。」

但她卻好像受到了鼓舞而下定決心，立即把手機收好。

●●●●●●●

「那個香港剛來的女孩完全是我喜歡的類型。」跟開潛水店的水兄和她的太太去吃串燒時，阿谷對他坦白承認。兩個人就像阿谷的兄姐一樣。

水兄只是默默聽著，他一向沉默寡言，但是看人往往獨具慧眼，潛水的體能、技術和勇氣無一不缺，是水肺潛水的大師，雖然曾經因為阿谷跑去學自由潛水這種完全不同範疇的東西而生了一場小小的冷戰，但最後一同挑戰了青之洞窟裡面的秘境洞穴，而和好如初。那是團體裡沒有第三個人能進入的地方，這件事一直成為阿谷和水兄心照不宣的友情見證，算是識英雄重英雄吧。

「來日本找女朋友你不找日本人，回頭找香港人，你是不是傻的？」水嫂聽完急不及待地說：「那你過來幹什麼？如果你要日語學得快，一定要找日本人女友。」

「水兄都沒有找日本人女朋友而找了你啊。」

「那怎麼同？我三文四語潛水電腦文書設計你說一樣我不懂的？」水嫂嗶哩吧啦的個性總能巧妙地填補男人之間語言的空白，有時甚至讓人覺得她本性並非如此，而是與水兄互補不足選擇了這個角色。

「你不明白，她看起來有點憂鬱，而且她太傻了，這樣隨便告訴我有一筆贍養費，要是告訴了其他人可未必一樣。」

「沖繩沒有人在乎你有幾多錢。」水兄只說了這麼一句，水嫂又接下去：「對啊，像我們隔壁的老頭子開著HONDA卻是董事長。總之，我擔心她騙你還多一點，這麼年輕就敲到一筆錢可以買房子收租，這女人不簡單。」

「水嫂，可以不要這麼陰謀論嗎？」阿谷雙手合十地求饒了，沒有人說得過水嫂的，但他姑且奮力一戰：「如果她這麼有心計就不會來沖繩吧，為什麼不去東京大阪那些大城市找呆子？」

「你這有道理。」水兄和議。水嫂也稍為思考了一會。

「我怕我不看著她，她會因為生氣亂花錢，以後會後悔的。」阿谷又說。

「那關你什麼事。」水兄難得笑了出來。

「下次你約她吃飯告訴我們，我們假裝遇到再坐下，讓我們替你試探一下。」水嫂想出了一個好主意。

●●●●●●●

「比起當我的翻譯，其實我有一事更想麻煩你。」難得等到汐遙主動向阿谷要求幫忙：「你可以陪我開車嗎？如果沒有人沿路指點一下我，我哪裡都不敢開。」

「這麼簡單的事，我當然赴湯蹈火在所不辭。」他說，電話中聽到她的笑聲。

「不用給自己太大壓力的，多開幾遍就沒事了。」他續說。

「我是新手，不熟這裡，很怕撞到人，要是有人因為我而受傷，我會內疚一輩子的。」

這點讓阿谷覺得她是好人。

水嫂叫阿谷帶她到跟前，讓他們評評看，他怎做得到？太卑鄙了。

翌日見面，阿谷坐上汐遙租回來的車子的副手席，她編了辮子戴了白色鴨舌帽，握著軚盤的樣子有點英氣。

「你也編辮子了。」阿谷說。

「是啊，覺得你編得好看，便又編編看。」

「真的？」阿谷笑笑，看著後視鏡中的他們，他覺得有幾份情侶相，因此心情太好。

「今天要去哪裡？」阿谷問。

「我聽說名護有一間 cafe 可以望著海打鞦韆。」

「哦，那個，我知道。」阿谷心想，果然是女孩子。「那就出發吧。」

「你覺得我去得到？要上高速公路啊。」她有點猶疑。

「我看著你就可以。」

她和他對目一笑，像是給彼此某種無以名狀的信心。

開在陽光燦爛的路上，聽著 City pop 的歌，「I can't stop the loneliness…」完全是戀愛的心情，兩個人禁不住一起哼起副歌來。

「沒想到你也聽杏里。」阿谷說。

「來到才發現的，雖然不是我的年代，居然覺得很親切，而且聽著心情會好。」

「有沒有太陽眼鏡？」

「噢，忘了帶。」

「這個。」他把自己的太陽眼鏡拿出來，幫她戴上。

本來在開車，忽然被人戴上眼鏡，視線有一刻受阻，她不禁有一刻緊張，或許就如人們說的吊橋效應，有一刻會因為心跳而自覺愛上眼前人。

中途要入油，也需要阿谷教她，但之後車卻開不到，車子微微往外溜，她焦急得尖叫起來。

「要失控了嗎？」

「沒事沒事。我下車看看。」

「不要把我一個人留在這裡。」她真的很怕車子帶著她溜出公路。

阿谷跳下車把入油的門關好了。「沒事，你看，是入油的門沒關好所以開不動而已。」

她吁了一口氣，重新整頓開車的心情。

哪知車子一開出油站，她就入錯線，有對頭車從右邊迎頭轉過來，差點撞上，又嚇得她尖叫。

「冷靜，沒事，你看！人家停車了。」

原來她受驚嚇會閉上眼睛，阿谷覺得她實在太可愛了。

「幸好沖繩人開車不快，如果在香港十成撞了。」她說。

她想起前夫，和年輕時坐他的車的感覺，但那一切已成過去。

先回到能暫時停車的便利店，她忽然露出失去鬥志的表情。阿谷猜她是嚇著了，這樣子她是不可能上到高速公路的。

「我來開吧！我一定會帶你去到那間 cafe 的。」阿谷說。

● ● ● ● ● ● ● ●

終於來到那間望海的 cafe，她感激不盡。

他們一人坐在一個鞦韆上盪著。

「你來過嗎？」到此她才終於放鬆下來，重現微笑。

「沒有啦，沒有女孩子要我陪。」

汐遙拿著相機四下拍照。「沒有女朋友嗎？」她終於問到感情事。

「我覺得一個人比較自由。」這也是阿谷的心聲。

看不出她的沉默是否在思索，反倒阿谷自己在回答過後，開始覺得或許嚮往自由只是一個藉口，他只是一直沒有遇到真心喜歡的人吧。

過了一會汐遙才說：「我以前覺得浪漫是兩個人的事，但現在開始覺得一個人的浪漫也不錯。」

「進步了啊！」阿谷忍不住那種男孩在心儀的女孩面前的臭美。

她一笑，然後若有所思地盪起鞦韆來，她穿的白色長裙在海的波光中反著光。

她開始說起自己的童年：「小時候，我很著迷於有人在背後幫我推鞦韆，我們家門前有塊空地，有一個爸爸親手替我打造的鞦韆，雖然那裡又髒又亂，但我覺得全世界沒有一個角落比那裡更好了，爸爸的手和聲音總令我安心，後來爸爸走了，我去公園玩才開始留意到，原來別人都是自己擺動雙腳的，盪鞦韆的方式還不止一種……」

說罷她想站起來，阿谷笑著阻止她：「喂喂不可以站啦！」

「噢，很抱歉。」她用日語小聲唸了幾遍，自知不對地吐了吐舌頭，重新坐好，兩個人回頭看看店家有沒有發現，笑了一陣，她才感慨地說：「有人照顧總是好的，但日子過得太好了，就會忘記自己本身的能耐。」

「你來的原因不是因為你真的喜歡沖繩，只是因為你想測試自己的能耐？」

「每個人都有不同的理由吧。」她沒有正面回答：「當然沖繩是不錯的地方，有你這樣的好人幫助我，更加發現這一點。」

阿谷可不只想獲發好人牌。

她從鞦韆上跳下來，說：「你聽過一句話嗎？舊匙開不了新門，總之想要不同的東西就走不同的路看看。」

「希望你說到做到。」他知道她對前夫是未完全放下的。她好像有少少被刺激到。「我想，去看看你潛水的地方都不錯。」

「就你這樣子？」阿谷笑她。

●●●●●●●●

於是阿谷帶汐遙到水哥在恩納的潛水店。

「直接帶來了啊？」水嫂悄悄對阿谷說。「是她自己說有興趣。」阿谷未說完，水嫂就興高采烈地去拿浮潛用的面鏡、蛙鞋、呼吸管等等的東西。

很快就見到汐遙跟水嫂就店裡的裝飾聊開來，她們在討論牆上的一塊手工滑浪板。阿谷記得水哥嫌貴，但水嫂堅持要花巨額去買。水嫂不是任性的女人，但她確信這個裝飾對店面很重要。

「水嫂眼光真好。」汐遙對阿谷說。「我問水嫂滑浪板在哪裡買，將來我的度假屋也要放一塊。」

「你交朋友挺主動的。」阿谷笑說。

「我本來不是這樣的，人在異地，多一個朋友總好過少一個朋友啊。」汐遙理所當然地說。

水嫂陪了汐遙去更衣。

水哥招了阿谷出去店子外面，潛水器材已齊備了。

「你自己帶來的人，你自己教。」水哥一如他的風格，話少卻精準，這樣阿谷就沒法再拒絕幫他的手。

「浮潛對他來說太小兒科了。」水嫂望著阿谷和汐遙兩人在沙灘上往藍色的海水走去。

「反正就要這小子自己重拾信心才成。」今天沒有客人預約，水哥悠閒地在屋外架起炭爐預備對海吃烤肉喝啤酒，望著即將成為戀人的年輕人徐徐步入大海，畫面很日劇，也讓水哥想起自己的青春。

●●●●●●●●

「瞧，那塊石就像金剛劈掌，所以叫猩猩岩，在這邊很出名啊！」下水前阿谷就熱心介紹周邊環境，讓她安心，阿谷扮猩猩的動作也引她發笑。「這邊淺水，水流穩定，即使小孩子也能潛，一會兒給你魚糧餵魚！」

「好似好好玩。」

穿上潛水衣的汐遙，連化妝都抹去了，反而更顯清新脫俗，讓阿谷怦然心跳。

「不過我從來沒有在水底張開眼睛過。」汐遙把頭潛入水之前，她笑著說。

原來她怕水到這地步。

但是有了潛水鏡，她挑戰了自己的恐懼，阿谷覺得她真的很勇敢。

拿著浮板，她有點戰戰兢兢，但不時回過頭來看看身邊的阿谷，和他在水中對上眼，便頓覺安心。

她甚至追著珊瑚魚越踢越遠，有信心阿谷會在不遠的地方守護她。

「好玩！原來在水底好舒服的！」她透支但又無比快樂地，在白色的沙灘上躺下來，沙粒在她濡濕的臉上閃閃發亮，從未見她如此解放。

「嚴格來說，你只是在水面而已。」阿谷在她身旁坐下。

他也許久沒這麼開心了，也許是回到海的緣故，也許是因為有她的緣故。

汐遙若有所思地望著他，她的眼神明顯不同了，多了動情的氣息。

「阿谷，我覺得你很深不可測。」她忽然說。

然後阿谷懂了，是時候了。

他把臉轉過去，捧住她的後腦，吻上了她的唇。

汐遙也回應著他，不是那種很熱烈的，而是如大海般深沉的、溫柔的吻。

她靜靜抽離，但仍依偎著他，阿谷分不清她是在試探她自己的感情，還是壓抑。如果是壓抑，又為何壓抑。

也許這一刻的熱吻是出於誤會，他沒有很深不可測，深不可測的是大海。

●●●●●●●●

他們在白色的沙灘上一直坐到日落。

「其實我有一個夢想，我曾想像水哥那樣開一間潛水店，所以才會過來打工。」阿谷說。

「我覺得你的夢想才是真正的夢想，我的夢想只是逃避。」

「夢想沒有分真或假的。」阿谷肯定地說。

「但有分圓滿了的和不能圓滿的。」她感慨地笑笑。

「不，我倒覺得只有分圓滿了的，和未圓滿的，沒有不能圓滿的。」

她凝望著他，在揣摩著當中細微的差別。

「你跟我不同，你是個樂觀的人。」最後她說。

「或者是吧，跟你講一個故事，我覺得挺感動我。」

「好啊，我最喜歡聽感人的故事了。」她像個小女孩抱膝洗耳恭聽。

「在加拿大南方，有一條命名為J35的虎鯨媽媽，B女出世半小時夭折了。傍晚時分，有聖胡安群島居民目擊到數條虎鯨圍住屍體悼念。虎鯨媽媽不願接受，一直撐著屍體浮出水面超過十七日，才不得不放開牠的屍體。」

「好慘啊。」汐遙小聲說。

「在遠方的西雅圖，一個二十九歲在機場地面工作的男人將這個故事記在心中了。他是個抑鬱的男子，他悄悄駕走了一部飛機，害整個機場的航班大停頓。而他從來沒有考過機師牌，他根本不打算安全降落。」

汐遙把頭靠向他，手圈著他的手臂，有點緊張。飄來她髮梢的海水味。

「機場控制塔試著說服他降落，他卻只和對方侃侃而談，他說自己是個破碎的人，一個讓身邊人失望的人，一個沒法實現夢想的人。」

最後幾個字阿谷加強了語氣。

「他最後問控制塔的人，頂著鯨寶寶屍體的虎鯨座標在哪裡？他要駕著飛機去看一看。那之後，他就墜毀了。」

「你說的這個故事是真的啊？」

「百分百真實，這個男子死了，他所不知道的是，兩年後虎鯨媽媽生下了活潑的寶寶。」

「噢，仍然叫人傷感。」

「虎鯨媽媽沒有放棄，為什麼他要放棄做機師的夢呢？只要活下去就會見到好事了吧？」

「你講故事很好聽。」

「我姐以前床頭有句句子我覺得很有意思，『你愛的每件事都可能失去，但最後愛終會以另一種形式回來。』好像是卡夫卡說的，雖然我不知道他是作家還是哲學家。」

「應該是作家吧？雖然我也不懂。」

他們相視一笑。

●●●●●●●●

其實阿谷早知，大家不是同一種人，但還是不由自主地深陷進去。

也許她要的只是短暫取暖的戀愛，他甚至不知道這稱不稱得上戀愛。

「我今天沒事，你不是說過想去鍾乳洞 cafe，不如今天陪你去？」

另一日，阿谷見幾日沒有汐遙的訊息，便主動打電話問。

「月租公寓始終太狹小了，我上網找了一些租盤，已聯繫仲介先生今天帶我去看。」

她輕描淡寫地說，房間那頭傳來 City pop 的音樂聲，她似乎心情不錯。

「你沒對我說啊。」

「你有空的話一起去吧。」

「好啊。」

雖然獲邀，但仍然有點耿耿於懷。如果他沒問，她不打算主動說嗎？

●●●●●●●●

那間在沖繩中部的房子，汐遙一眼就好喜歡，落地玻璃光線明亮，工業風灰色水泥牆，可以看到大海。

她已經幻想了各樣細節，哪裡放沙發，哪裡放書桌，哪裡放植物，露台上放搖椅⋯⋯

「長租的房子，要保證人。」仲介先生說。

「我以為這間不用的，又輪迴到最先的問題。」汐遙很洩氣。

本來就是因為沒有保證人，沒法租房子，才租住阿谷公司的短期月租公寓。

搞移居就是這麼一回事，永遠有解決不了的問題，很多困難以為差不多結束了，一句溝通的誤會，又要重新來過。

見汐遙一臉沮喪，阿谷也好想幫她，不過這件事的確不容易，他不想開空頭支票。

仲介先生有電話先走開，阿谷對汐遙實話實說：「我初來時，也找不到保證人。」

阿谷也不知算不算在安慰她：「保證人不止保證人格，也有財務上的保證，別說初來誰也不認識，責任如此大，就算有認識的人也不敢貿然麻煩別人。」

「那我可以把這裡買下來嗎？」她問仲介先生。

阿谷被嚇一跳。仲介先生更是一臉為難。

「這裡的戶主只租不賣的。」

「你別這麼衝動。」阿谷拉住她。「你讓大城先生難做了。」

「對不起。」汐遙立即向仲介先生道歉。

「況且你不是說想留錢投資在度假屋上，然後留點錢傍身嗎？如果連自住的地方都買下，你會很緊絀的。」

「沒想到阿谷在水底愛冒險，在地上卻這麼謹慎。」汐遙笑說：「不過你是對的。」

阿谷一時也分不清她這樣說對他是加分還是減分。

「不謹慎的人沒法潛水，或許衝浪還適合一點。」阿谷輕描淡寫地說：「你可知沖繩人其實不太愛水上活動，他們覺得大海是危險的，沒事最好別下水。」

汐遙點點頭聽著，苦笑了一下說：「其實我只想好好經營自己的家，以前，我媽跟我住在親人家，我這麼年輕結婚，本來只為了有自己的小天地，卻得跟他的爸媽同幢一起住，他父母住一樓，我們住二樓，他媽媽一天到晚會上來自出自入，加口釘子也會有意見，我完全沒有自由。」

「不用這麼快放棄的，我再幫你找找誰願意當保證人吧。」阿谷硬著頭皮把責任扛上了。

●●●●●●●●

阿谷跟之前短暫打過工的旅行社老闆比嘉先生聯絡上，送上對方喜歡的京都吟釀。

「要我做保證人嗎？我和她素未謀面呢……」比嘉先生的旅行社專門接待台灣和中國遊客，中文很流利，兒子也在北京唸大學，阿谷很熟悉他的行事作風，他是個生意人，雖然一臉為難，但一切有商量。

阿谷呈上汐遙的相片，雖然也想過帶她前來，但想事成才告訴她。

比嘉先生看了照片一眼，沒有說OK，只是說：「下月我兒子回來，我家在做擴建，花園的施工很趕，沖繩的年輕人都不知跑哪裡去了，只餘下老師傅做不了粗重活，真是傷腦筋……」

比嘉先生沒有說這是條件交換，不過阿谷懂得。

「沒問題，就包在我身上！」阿谷說。

●●●●●●●●

沒想到來到比嘉先生位於南部城市的家，竟然是日式庭園的風格，並不是普通的花園，那可是大工程。

施工地盤果真一個年輕人都沒有，最年輕的都五十開外了。

大家見到阿谷如獲至寶，看著他黝黑的手臂都以為他本來就做這種活的。

鋪磚、攪水泥、搬材料、拆除舊裝置，種種粗重的活無不叫他去做，每天都做得灰頭土臉，害他都不敢見汐遙，連視像都不敢。

不過兩星期下來，跟老師傅們熟了，也得到很多照顧，這是阿谷喜歡留在沖繩的原因，便當也由外賣改為老師傅的老婆們一起整作，非常好吃。

大家不時叫阿谷快點找老婆，又說介紹女生給他，阿谷只笑笑，然後拿出汐遙的照片給大家看。

「真漂亮的女孩，快點娶了她，生五個孩子。」

「太多了吧。」

「至少都要三個，沒三個不成。」另一人又說。

阿谷只笑笑，為了她得到保證人幫手做庭園這件事，他完全沒有向汐遙提及，汐遙找他，他都只推說這個月比較忙。

但幾天下來，汐遙都沒有找他，他就開始掛心了。

在比嘉先生的大屋門廊前吃著便當的時候，他在汐遙的手機上留了言。

「如果有急事也可以找我。」他不放心地留下一句。

不過汐遙依舊沒有找他。

只有洋子找他，一見他的樣子，就說：「你怎麼比以前潛水時還要黑？」

洋子在視像的畫面中看到他正在整骨院。

「你受傷了嗎？」

「沒事，閃了腰罷了。」他露出痛苦的表情。

「到底你在搞什麼？」

好像一直以來的強撐終於找到宣洩，或許確實也需要人關心吧，阿谷便把整件事和盤托出。

「你太傻了。」洋子生氣地說完，竟然哭了出來。

從來沒有女人為他哭過，阿谷本來在整骨院的候診室等著，正叫到他，他向醫師表示需要出去講電話。

「我真的沒事，能幫就幫罷了。」

「這太過分了，你為了重新潛水一直在做鍛煉，要是因為這樣傷了腰，以後潛不了水怎麼辦？」

居然有人比他還要在意他的夢想。

阿谷覺得很愧對洋子，他從來沒有覺得愧對一個女人，想做點事補償她，連這種心情都前所未有，但那並不是心跳的感覺，跟對汐遙不一樣，他清楚知道。

●●●●●●●●

「你找比嘉先生做汐遙的保證人？」水哥一天路過南城，得知阿谷在開工，便過來一看，他很少這麼八卦。

「比嘉先生願意做汐遙的租屋保證人。」

「為什麼不叫我幫手？我也可以做啊，我入籍了嘛。」

「我知道……」

但阿谷也知道水哥拒絕過其他人的要求。

「不想麻煩你啦。」

「才不是，阿谷你是想讓我一路欠你。」水哥也不轉彎抹角了。

水哥說的是之前阿谷為他工作時出事故，沒法再潛水的事。

那一次，其實是水哥太自以為是，沒有先做潛水簡報，結果在水底遇到危險的上升流。想撤離時，水哥那個連接一級頭與氣瓶的O-ring突然破裂了，水哥居然沒有帶後備，阿谷得在急速上升的水流中替他更換，中途更是沖走了一個，回想真是膽戰心驚。那是第一次見到水哥驚慌，那之前阿谷一直以為水哥是個處變不驚的人。

阿谷曾示意攀著岩石穩住身體，減慢上升的速度，水哥卻沒有理會。潛水講求的是合作，兩個人遇事分開危險性更大，阿谷只好鬆開捉緊岩石的手，陪水哥一同上水。

但結果減壓病沒有找上水哥，卻大大影響了阿谷。

●●●●●●●●

如果今次阿谷找水哥幫忙，或者就能一筆勾銷。

「怎說都好啦。」阿谷不想爭辯。

「你知道別人我會拒絕，但不會拒絕你的，你救過我。」

「不必那樣說，下水就知有風險。」

「但你找比嘉先生不是很傻嗎？他是生意人，一定在你身上賺盡。」

但阿谷情願被人賺盡，至少是等價交易，不想動用到真的交情。

或許這是男人的浪漫吧。

●●●●●●●●

第二天，阿谷正打算出門開工，卻收到比嘉先生的電話。

「不勞煩你再過去幫忙了。」

阿谷嚇一跳，以為是自己做得不好，或者以為比嘉先生想反口。

「我跟那女生見過面，不錯的女生，她想租房子，我做她保證人。」比嘉先生用一如平常儘量簡單的國語說著。

「真的？很感謝你。」

雖然是好消息，卻不知道汐遙什麼時候和比嘉先生見過面，她又是怎樣取得比嘉先生的信任的？

●●●●●●●●

汐遙無聲無息地搬出了最初阿谷帶她進去的、來沖繩後的第一個居所，那間位處那霸國際通隔一條街的月租公寓。

這事還是阿谷有次開車經過她的家，試著上去一看才發現。

信箱堆積著信件，她到底有多久沒有回來了？

阿谷也是代收信的，所以有信箱密碼。

除了傳單，也有兩三封政府部門寄來的信件，她應該也要回來收取的。

阿谷把信件放回去。

「租約未滿，她是租了兩個月的，我們不會讓別人住進去，或者她偶然會回去也說不定。」

同事如此安慰阿谷。

她的電話也停號了，但是 WhatsApp 都是有讀的，只是已讀不回。

來日本之後常用的 LINE 上也有找過她，都同樣不獲回覆。

阿谷完全不知道自己做錯什麼事。

人在異地，多一個朋友總好過少一個朋友，不是她說的嗎？

●●●●●●●●

後來在壺屋道的一間陶藝店裡，隔著距離看到汐遙和一個男人在一起。

阿谷站在玻璃外看了一會，認得那個是比嘉先生那位去了北京唸大學的兒子。

突然明白，她的「朋友」是什麼意思。

也許她是那種，需要不同的人去給她溫暖的女人。

看他們說話的神情，雖然沒有特別親暱，卻可以肯定是一對。

汐遙好像想參加即場的工作坊，她拖著小比嘉一起去，小比嘉卻笑著推搪了，當然了，這樣的工作坊沒有本地人會去。

汐遙便一個人到店的另一頭坐下了，專注地聽老師講解。

小比嘉只留在原地繼續打量著陶藝品，阿谷走進去。

「許久不見，認得我嗎？我是谷，托府上世伯的關照了。」

「啊，認得。」

「跟你一起的是汐遙嗎？」

「對，你們也認識吧？我來叫她……」

「不用了。」這句說來心痛。

阿谷可是找了她無數次，在她的舊住所外等了許多晚。

現在近在咫尺，卻不敢親口問她，為什麼說斷就斷。

「謝謝世伯當她的保證人。」

「哦，沒有，我爸沒當，我來當了。」

「這樣哦。」

「真的不用叫她嗎？」

「我趕時間，進來買個杯子就走了，下次再聊。」

說來可笑，誰會特地進來買個杯子，而且這裡的杯子都不便宜，是阿谷幾天的開銷。

阿谷還是假裝有目標地捎了個杯子去付錢，臨走前再偷望了汐遙一眼，她正用心地用掃為陶胚上顏色。

阿谷離開這裡後，小比嘉會告訴她阿谷來過吧？

知道阿谷是在意的話，她是不是該主動打電話給他，給他一個解釋？

不過最後都沒有收到她的任何訊息。

也許她覺得阿谷怎樣想都不重要。

也許她只是不想阿谷繼續喜歡她。

聽說水嫂和汐遙仍然有聯絡，汐遙好像搬到中部城市，也真的一如她的夢想買下了度假屋出租給遊客，不過女人之間的話題沒有詳細告訴阿谷。

「總之，你不要怪她，剛離婚的她，還是很迷失。」

水嫂不容易替人說好話，而且當初就是她說該提防汐遙的，她跟阿谷也熟，不可能不在乎他傷心，既然水嫂也這樣說，雖然很難接受，但阿谷終究也得放開。

半年後吧！阿谷經醫生同意，又可以再潛水了，他又回到水哥那兒工作。

有一天到那霸辦點事，阿谷在等過馬路時，看到汐遙開車，她一個人在車上。

如果不是刺眼的陽光，她應該可以跟阿谷對上視線，但就在對上眼之前，她熟練地戴上了太陽眼鏡，已經沒有像以前那樣因為被陽光刺眼而慌亂了。

戴上太陽眼鏡後，又不知她到底看不看到他。

燈號轉了，她發動了車子，如今她已像很多沖繩女人一樣單手操控方向盤了。

阿谷想著，也不要緊吧，至少大家還在沖繩，還有機會見的。

●●●●●●●●

但是在那之後不久，聽水嫂說，汐遙回香港去了。

「那她和小比嘉呢？」

「好像很久以前已經分手了吧？」

如果有些人只將我們當成過渡，當成階段，我們做什麼都無法改變這一點。阿谷最近有了這覺悟。

聽說她香港後，和前夫復合了。

或許她真的很愛那個人，或者那個人鍥而不捨挽回她。

但至少證明，她不是為了留在沖繩而跟小比嘉一起。

阿谷想起自己對她說過的，卡夫卡的那段話。

「你愛的每件事都可能失去，但最後愛終會以另一種形式回來。」

不知道她是怎會將「愛會回來」接收成「回到舊愛」。

明明是她自己說「舊匙開不了新門」，卻走回頭路。

這個晚上，阿谷悶著一口氣，撥了視像給洋子說：「你來沖繩可以嗎？」

阿谷不是任性的人，不過那一刻卻完全出於衝動。

「好，我這就買機票。」洋子只是想了半秒就說。

事已至此，阿谷也算是做了選擇，他必須為自己的要求作承擔。

●●●●●●●●

只是後來，阿谷收到一個郵包，打開一看，他收到的是一本繪本。

郵包上的地址似乎曾經寫錯了，所以經歷了兩次轉運，遲了三個月才寄到，也不知道中間發生什麼事。

那是一本關於鯨魚的繪本，《世界上最孤獨的鯨魚》——阿谷好奇地靜靜地翻完了。

故事是說，原來所有鯨魚都是以五十二赫茲的音頻來交流的，牠們在大海裡即使隔著距離，也能憑藉這種人類聽不到的高音頻歌唱互相吸引，找到自己的另一半。

但是有一隻鯨魚天生聲音的頻率比別人高，所以別的鯨魚都聽不到牠的聲音，只能孤單的在海裡游著，連父母都離牠而去。

但是牠仍懷著樂觀的心，相信只要一直游下去就能找到聽到牠歌唱的另一半。

故事的最後，牠打算去一個海底派對，甚至邀請一位潛水員一同前往。

牠以為潛水員跟牠一樣找不到另一半，但潛水員卻聽不到牠的邀請。

牠獨自出發了。

翻到書的最後頁，一張短箋飄落地上，阿谷連忙撿起來。

「阿谷：

那天到書店想買書學日文，看到這本書，就想到你。

我知道那天你看到我跟小比嘉一起，你一定想著我不是什麼好人，一個解釋都不給你。

我想，如果有人要幫我過渡，我不想是你，你值得更好的愛情，我不想傷了你的心。

是的，我還沒有忘記前夫，他對我很糟糕，但我就是喜歡他，也許因為他是我的初戀，我曾經寄予全部希望在他身上，我不甘心。

我的確也在這裡努力過，我也改變了不少。

但正因為努力過、改變過，我才發現真正需要的東西始終不變。

沖繩是個很好的地方，但沒有他，我哪裡都感覺不到家。

我希望你在沖繩生活愉快，找到跟你相同頻率的人。

汐遙」

●●●●●●●●

阿谷心痛著，卻同時有一種釋然。

或者她正在努力實現她那未及實現的夢想，而不是不能實現的夢想。這是最大的分野。

沒死心，總比死心強。人畢竟需要希望，如果幫她這麼多，也不能帶給她想要的希望，或許只能承認自己不是對的人。

不過，如果早點收到包裹，也許他不會意氣用事到叫洋子飛過來……

如今，洋子在他的家住下，已有兩個星期了。

剛有這念頭，對講機就響起了，按下通話鍵，傳來洋子元氣滿滿的聲音：「我買東西回來了啊！」

阿谷連忙將剛收到的郵包收起來，如像將秘密收到心底深處。

●●●●●●●●

後來以前民宿管理的公司找上阿谷，問他要不要兼差，有幾間房子想找住在附近的人幫忙管理。

阿谷到那個客人的房子一看，度假屋面向海灘，門廊上放著鞦韆，一看到露台那個鞦韆，心就揪緊了。

然後又在書架上看到《世界上最孤獨的鯨魚》這本繪本，就覺得難以置信的巧合。

「屋主不太理會的，有客人租住前後安排打掃清潔，幫客人解決一下問題而已。」管理公司的人說。

「委托人是香港人嗎？」他連忙問。

「是啊，你怎麼知道的？那位女子曾經在沖繩租過我們的月租公寓……對了，上次好像正是你接待的？」

屋主果然是汐遙。這就是汐遙夢想中的度假屋。

她不是個愛看書的女人，架上的這一本，算是與她隔著一個大海的距離的呼應？

阿谷立即接受了這份委托。

或者她自己有天也會心血來潮回來住？

不知道她最終能否找到聽懂她頻率的人。

阿谷只知道他會替她用心打理著這裡，做到別的民宿管理做不到的程度。

讓她有一天好奇，誰那麼替她用心，客人評語這麼好，而回到這裡。

他幻想著這一天，把書放回架上，開始動手打掃了。

沒死心，總比死心強。
人畢竟需要希望。

出走 旅館時光

enlighten &fish 亮光

作　　者　鄭梓靈
社　　長　林慶儀
編　　輯　亮光文化編輯部
設　　計　亮光文化設計部

出　　版　亮光文化有限公司
Enlighten & Fish Ltd
地　　址　香港新界火炭坳背灣街61-63號盈力工業中心5樓10室
電　　話　3621 0077
傳　　真　3621 0277
電　　郵　info@enlightenfish.com.hk
網　　店　www.signer.com.hk
Facebook　www.facebook.com/enlightenfish

法律顧問　鄭德燕律師
出版日期　二零二四年十二月初版

定　　價　港幣一百一十八元
新台幣四百三十元

ISBN 978-988-8884-27-8（平裝）